A encomenda

Maria Lygia
dezembro/2007

A encomenda

A.M. Homes

Memórias

Tradução
Lourdes Sette

Presente do Mauro e Maria

Título original: The Mistress's Daughter

Editora Nova Fronteira S.A.
Rua Bambina, 25 – Botafogo – 22251-050
Rio de Janeiro – RJ – Brasil
Tel.: (21) 2131-1111 – Fax: (21) 2286-6755
http://www.novafronteira.com.br
e-mail: sac@novafronteira.com.br

CIP-Brasil. Catalogação-na-fonte
Sindicato Nacional dos Editores de Livros, RJ

H727f Homes, A.M.
A encomenda / A.M. Homes ; tradução de Lourdes Sette. – Rio de Janeiro : Nova Fronteira, 2007.

Tradução de: The Mistress's Daughter
ISBN 978-85-209-2017-6

1. Mães adotivas – Estados Unidos. 2. Crianças adotadas – Estados Unidos – Biografia. I. Título.

CDD 362.7340973
CDU 347.633-053.2(73)

Em memória de Jewel Rosenberg e
em homenagem a Juliet Spencer Homes

"Existem apenas duas maneiras de ver a vida. Uma é pensar que não existem milagres e a outra é pensar que tudo é um milagre."

ALBERT EINSTEIN

Sumário

Livro Um

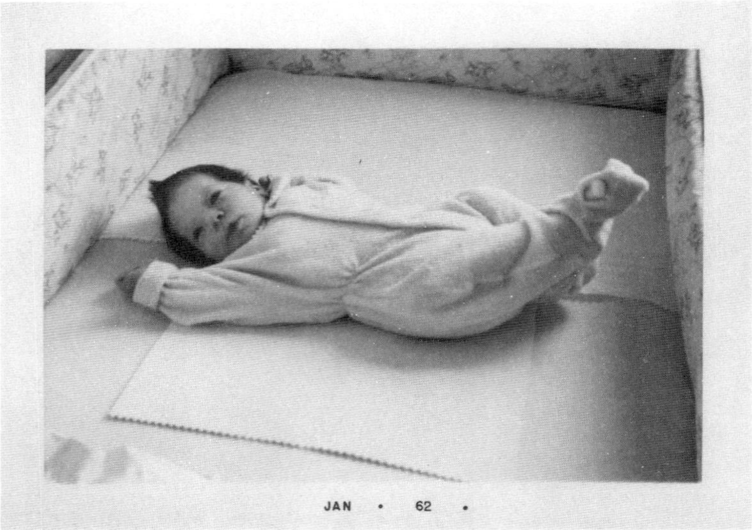

A.M. Homes

A filha da outra

Joe e Phyllis Homes

Bruce Homes

A.M. e Jon Homes

Lembro da insistência deles para que eu entrasse na sala de estar e me sentasse; de como, de repente, a sala escura se tornou ameaçadora; de ficar parada na porta da cozinha segurando um sonho de creme; e de que nunca como sonhos de creme.

Lembro de não saber; de pensar, em primeiro lugar, que havia alguma coisa muito errada, presumindo que fosse a morte — alguém tinha morrido.

E depois lembro de saber.

Natal de 1992. Volto para Washington, D.C., para visitar minha família. Na noite em que chego, logo após o jantar, minha mãe diz:

— Entre na sala. Sente-se. Temos algo para lhe dizer.

Seu tom me deixa nervosa. Meus pais não são pessoas formais, ninguém se senta na sala de estar. Estou em pé na cozinha. O cachorro está me olhando.

— Venha para a sala. Sente-se — diz minha mãe.

— Por quê?

— Precisamos lhe contar uma coisa.

— O quê?

— Venha e lhe diremos.

— Diz logo, aqui mesmo.

— Venha e lhe diremos.

— Diz logo, aqui mesmo.

— Venha — diz ela, alisando a almofada a seu lado.

— Quem morreu? — pergunto, apavorada.

— Ninguém. Todos estão bem.

— Então, o que é?

Eles ficam calados.

— Tem a ver comigo?

— Sim, tem a ver com você. Recebemos um telefonema. Tem alguém procurando por você.

Após passar a vida em algo parecido com um programa de proteção a testemunhas, fico desprotegida. Levanto sabendo algo sobre mim mesma: sou a filha da outra. Minha mãe biológica era jovem e solteira; meu pai, mais velho, casado e com família própria. Quando nasci, em dezembro de 1961, um advogado ligou para meus pais adotivos e informou: "Sua encomenda chegou e veio embrulhada em laços cor-de-rosa."

Minha mãe começa a chorar.

— Você não precisa fazer nada a respeito, pode simplesmente deixar para lá — diz ela, tentando me aliviar do peso. — Mas o advogado disse que teria prazer em falar com você. Ele não poderia ter sido mais simpático.

— Me conta de novo. O que aconteceu?

Detalhes, minúcias, como se os fatos, o diálogo de perguntas e respostas fizessem sentido, dessem ordem, forma, e a coisa que mais falta — lógica.

— Há duas semanas recebemos um telefonema. Era Stanley Frosh, o advogado que cuidou de sua adoção, ligando para dizer que ele recebeu um telefonema de uma mulher que lhe disse que, se você desejasse entrar em contato com ela, estaria disposta a falar com você.

— O que significa "disposta a falar com você"? Ela *quer* falar comigo?

— Não sei — responde minha mãe.

— O que Frosh disse?

— Ele não poderia ter sido mais simpático. Disse que tinha recebido esse telefonema na véspera de seu aniversário e que não tinha certeza sobre o que nós iríamos querer fazer com a informação, mas achou que nós deveríamos tomar conhecimento. Você gostaria de saber o nome dela?

— Não — respondo.

— Discutimos se deveríamos ou não contar a você — acrescenta meu pai.

— Vocês discutiram? Como é que vocês não iam me contar? A informação não pertence a vocês. E se não tivessem me contado e alguma coisa acontecesse com vocês e então eu só descobrisse mais tarde?

— Mas nós estamos contando. O sr. Frosh disse que você pode ligar para ele a qualquer hora — diz minha mãe, como se falar com o advogado fosse fazer alguma diferença, consertar tudo.

— Isso aconteceu há duas semanas e vocês só estão me contando agora?

— Queríamos esperar você chegar em casa.

— Por que Frosh ligou para vocês? Por que ele não ligou diretamente para mim? — Eu tinha 31 anos, uma adulta, e eles ainda me tratavam como uma criança que precisava de proteção.

— Maldita — diz minha mãe. — É muita cara-de-pau.

Esse era o pesadelo de minha mãe; ela sempre teve medo de que alguém aparecesse e me levasse embora. Cresci sabendo que esse era o seu medo; sabendo, em parte, que isso não tinha nada a ver com o fato de eu ser levada embora, mas com seu primeiro filho, que morreu logo antes do meu nascimento. Cresci sentindo que, em algum nível fundamental, minha mãe nunca se deixaria afeiçoar a alguém novamente. Cresci com a sensação de ser mantida à distância. Cresci furiosa. Temia que houvesse algo comigo, algum defeito de nascença que me havia tornado repulsiva, desprezível.

Minha mãe se aproximou. Queria me abraçar. Queria que eu a consolasse.

Eu não queria abraçá-la. Não queria tocar em ninguém.

— Frosh tem certeza de que ela é quem diz ser?

— Como assim? — perguntou meu pai.

— Ele tem certeza de que é a mulher certa?

— Acho que ele tem quase certeza absoluta de que é ela — disse meu pai.

A narrativa frágil e fragmentada, a linha tênue da história, a trama de minha vida foi abruptamente reformulada. Estou lidando com a linha divisória entre sociologia e biologia: o colar químico de DNA que envolve o pescoço, às vezes como um lindo ornamento — nosso direito hereditário, nossa história —, outras como uma coleira estranguladora.

Em muitas ocasiões senti a diferença entre quem eu era e em quem me transformei; camada após camada empilhada, como se estivesse revestida com um compensado ruim, o revestimento barato das paredes de um playground no subúrbio.

Quando criança, eu era obcecada pela *World Book Encyclopedia*, por suas páginas de anatomia em acetato, onde você podia construir pessoas, acrescentando o esqueleto, as veias, os músculos, camada sobre camada, até que tudo se juntasse.

Por 31 anos, soube que vim de algum outro lugar, que comecei como outra pessoa. Houve momentos em que fiquei aliviada pelo fato de não ser *dos* meus pais, de não ter a biologia deles; e isso é acompanhado por uma enorme sensação de alteridade, a dor do sentimento de solidão.

— Quem mais sabe?

— Contamos para o Jon — responde meu pai. Jon, meu irmão mais velho, filho deles.

— Por que contaram para ele? Vocês não tinham esse direito.

— Não contamos para a vovó — diz minha mãe.

Essa é a primeira coisa importante que eles decidiram não contar para ela; ela está idosa demais, confusa demais para ajudá-los. Minha avó pode distorcer isso em sua cabeça, confundir a informação com outras informações, transformando-a em algo completamente diferente.

— Imagine como eu me sinto — diz minha mãe. — Não posso nem contar para minha própria mãe. Não posso nem ser consolada por ela. É horrível.

Minha mãe e eu permanecemos sentadas em silêncio.

— Não devíamos ter te contado? — pergunta minha mãe.

— Não — respondo, resignada. — Vocês tinham que me contar. Não tinham escolha. É a minha vida, tenho que lidar com isso.

— O sr. Frosh diz que você pode ligar para ele a qualquer hora — repete ela.

— Onde ela mora?

— Nova Jersey.

Em meus sonhos, minha mãe verdadeira é uma deusa, a rainha das rainhas, a diretora-geral, a diretora-financeira, a diretora de operações. Uma estrela de cinema, linda, incrivelmente competente, que consegue cuidar de tudo e de todos. Ela construiu uma vida fabulosa para si mesma, como governanta do mundo, com a exceção de um elo perdido — *eu.*

Digo boa-noite e viajo pelo curso da história, o mito de minha origem.

Meus pais adotivos não se casaram até meu pai completar quarenta anos. Minha mãe, oito anos mais nova, tinha um filho, Bruce, de um casamento anterior, que nascera com um grave problema nos rins. Ele viveu até os nove anos e morreu seis meses antes do meu nascimento. Juntos, meus pais tiveram Jon. Durante seu nascimento, o útero de minha mãe se rompeu e tanto ela quanto Jon quase morreram. Foi feita uma histerectomia de urgência e minha mãe ficou impossibilitada de ter mais filhos.

— Tivemos sorte de sobreviver — disse ela. — Sempre quisemos mais. Queríamos três filhos. Queríamos uma menininha.

Quando eu era criança e costumava perguntar de onde vinha, minha mãe me contava que eu tinha vindo da Agência Judaica de Serviços Sociais. Quando entrei na adolescência, minha terapeuta me perguntou muitas vezes: "Você não acha estranho que uma agência entregue um bebê a uma família seis meses após ela ter perdido um filho, uma família que ainda estava de luto?" Eu dava de ombros. Parecia uma idéia boa e, ao mesmo tempo, nada boa. Sempre achei que meu papel na família era curar coisas, fazer tudo ficar bem, substituir um menino morto. Cresci mergulhada na dor. Desde o primeiro dia, ainda uma célula, estava perpetuamente de luto.

Há folclore, há mitos, há fatos e há perguntas sem respostas.

Se meus pais desejavam mais filhos, por que construíram uma casa com apenas três quartos? Quem dividiria um quarto? Suponho que eles soubessem que Bruce ia morrer. Eles podem ter desejado três filhos, mas planejaram dois.

Quando perguntei para minha mãe por que a agência lhes entregou uma criança logo após terem perdido um filho, ela não respondeu. E depois, quando cheguei aos vinte anos, em uma tarde gélida de inverno, pressionei para obter mais informações, detalhes. Eu fazia isso em momentos de fraqueza, ocasiões especiais, tais como o aniversário de Bruce, o aniversário de sua morte ou o meu aniversário — épocas em que ela parecia vulnerável, quando eu sentia uma fissura na superfície. De onde vim? Não foi de uma agência, mas por meio de um advogado; foi uma adoção particular.

— Cadastramos nossos nomes nas listas das agências de adoção, mas não havia bebês disponíveis. Disseram-nos que a melhor coisa a fazer era perguntar às pessoas, fazê-las saber que estávamos procurando um bebê para adotar.

Cada terremoto na identidade, cada abalo na arquitetura da moldura precária que construí para mim mesma me derrubava no chão. Quanto ainda estava sendo ocultado de mim e quanto havia sido esquecido ou perdido com a emenda sutil, a revisão natural do tempo?

Perguntei de novo.

— De onde vim?

— Dissemos a todo mundo que estávamos procurando um bebê para adotar, e então, um dia, ouvimos falar de um bebê que estava para nascer. Era você.

— Como você ouviu falar de mim?

— Foi uma amiga. Lembra da minha amiga Lorraine?

Ela mencionou o nome de alguém que eu encontrara uma única vez, há muito tempo. Lorraine sabia de um outro casal que também desejava adotar um bebê, mas acabou que, de maneira indireta, eles sabiam quem era a mãe — isso me foi dito como se explicasse tudo, como se saber quem era a mãe anulasse tudo, não porque houvesse algo errado com a mãe, mas porque era errado conhecê-la.

Quando adulta, pedi à minha mãe que ligasse para Lorraine, para lhe solicitar que procurasse as tais pessoas que, de forma indireta, sabiam quem era minha mãe, e para que lhes perguntasse quem ela era. Minha mãe se recusou. Ela me disse que o casal poderia ter outros filhos que não sabiam que eram adotados.

E o que isso tem a ver comigo? No mais, seria absurdo se alguém não contasse aos filhos que eles haviam sido adotados.

Por fim, minha mãe ligou para Lorraine, que disse: "Deixa isso para lá." Falou que não sabia de nada. Quem ela estava protegendo? O que estava escondendo?

Minha mãe lembrou de algo sobre imóveis, de algo sobre um nome, mas não conseguia se lembrar de muito mais. Por que não se lembrava? Parecia ser o tipo de coisa que você jamais esqueceria.

— Eu não queria lembrar. Não queria saber de nada. Senti que tinha que proteger você. Quanto menos eu soubesse, melhor. Tinha medo de que ela voltasse e tentasse tirar você de mim.

— Ok, voltemos ao início... Você ouviu falar de um bebê prestes a nascer. E aí?

— Aí o advogado do papai conseguiu falar com a mulher e eles se encontraram. Depois ele nos ligou e disse: "Ela é maravilhosa, saudável, com exceção dos dentes..." Acho que ela não cuidava bem deles. Alugamos uma caixa postal, trocamos algumas cartas e esperamos você nascer.

— O que as cartas diziam?

— Não lembro. — Tudo começava com "não lembro".

Chego mais perto e a pressão sutil extrai algumas pequenas revelações.

— Algumas informações básicas sobre seu passado, sua saúde, como a gravidez transcorreu. Ela era jovem e solteira. Acho que seu pai era casado. Um dos dois era judeu; o outro, acho, pode ter sido católico. Ela gostava muito de você, desejava-lhe o melhor, mas sabia que não conseguiria tomar conta de você sozinha. Ela desejava que você fosse para uma casa muito especial — uma casa judia. Era importante para ela saber que você iria para algum lugar onde seria amada. Ela desejava que você tivesse todas as oportunidades do mundo. Acho que ela morava no norte da Virgínia.

— O que aconteceu com as cartas? — Imagino um pequeno e precioso maço de cartas delicadas, amarradas com uma fita e guardadas no fundo de uma gaveta no armário de minha mãe.

Minha mãe faz uma pausa, olha para cima e para o lado, como se puxasse pela memória.

— Acho que teve até uma carta após seu nascimento.

— Onde estão as cartas?

— Acho que foram destruídas — responde minha mãe.

— Você não pensou que eu poderia querer ficar com essas cartas, que algum dia poderiam vir a ser tudo que me restasse?

— Nos disseram para tomarmos muito cuidado. Não guardei nada. Nos instruíram para não guardarmos nada. Nenhuma prova, nenhuma recordação.

— Quem disse?

— O advogado.

Não acreditei nela. Era sua escolha. Minha mãe não queria que eu fosse adotada. Queria que eu fosse dela. Tinha medo de qualquer coisa capaz de ameaçar isso.

— E depois?

— Esperamos. Em 18 de dezembro de 1961, recebemos um telefonema do advogado dizendo: "Sua encomenda chegou. Veio embrulhada em laços cor-de-rosa e tem dez dedos nas mãos e dez nos pés." Ligamos para o dr. Ross, nosso pediatra, que foi até o hospital, deu uma olhada em você, nos ligou e disse: "Ela é perfeita."

— O que mais?

— Três dias depois fomos buscar você.

Encontrei meus pais pela primeira vez em um carro estacionado numa esquina perto do hospital. Eles estavam sentados no carro, no centro de Washington, em meio a uma tempestade de neve, esperando que eu lhes fosse entregue. Levaram roupa para me vestir, me disfarçar, me tornar deles. Essa operação sigilosa de busca e entrega foi executada por uma amiga, que se vestiu com roupas propositadamente maltrapilhas, destinadas a não atrair a atenção, a não fornecer pistas — este é um outro detalhe que desconheci até os vinte anos. Meus pais ficaram sentados no carro, preocupados, enquanto a vizinha entrou no hospital para me pegar. Aquela foi uma missão secreta, algo poderia sair errado. Ela — *a* mãe — poderia mudar de idéia. Os dois ficaram esperando e a vizinha veio andando pela neve até o carro com uma trouxa nos braços.

Ela me entregou à minha mãe e meus pais me trouxeram para casa. Missão cumprida.

Tenho apenas a versão em vídeo caseiro na minha cabeça. Um carro antigo, ano 1961. Centro de Washington. Neve. Nervosismo. Ansiedade.

A história continua com meu irmão Jon, tão orgulhoso, tão empolgado com o novo bebê que chegava em casa, em pé na entrada da garagem com um cartaz que ele e minha avó confeccionaram: "Bem-vinda, irmãzinha." Minha chegada sempre foi descrita como se tivesse sido um momento mágico, como se uma fada tivesse acenado sua varinha e decretado que a família estava curada, me deixando lá, como um símbolo, um amuleto de boa sorte para consertar tudo, para arrancar uma mãe e um pai da dor da perda.

Fui carregada pelo corredor e colocada na cama grande no quarto dos meus pais. Os vizinhos, tias e tios, vieram todos me ver; um prêmio — o bebê mais lindo que já tinham visto. Meu cabelo era grosso e preto e ficava em pé como um foguete, meus olhos eram de um azul brilhante. "Suas bochechas eram cor-de-rosa e deliciosas... Devoramos você com os olhos. Você era perfeita."

Imagine as diferenças em termos de expectativa; se fosse um bebê não adotado, membros da família o teriam visitado no hospital. Teriam me visto com minha mãe ou me visitado no berçário, me identificado na fila de berços idênticos. Mas, nesse caso, tudo começa com um telefonema. A encomenda chegou e veio embrulhada em laços cor-de-rosa. O pediatra de confiança enviado ao hospital para avaliar a mercadoria. Pense nos filmes em que o traficante experimenta a mercadoria antes de pagar por ela. Há algo irremediavelmente sórdido na forma como a história se desenvolve. Fui adotada, comprada, encomendada e retirada como um bolo de uma confeitaria.

Quando cheguei aos vinte anos, minha mãe confessou que a "amiga" que havia me apanhado era a vizinha da porta ao lado. Não podia acreditar que, durante todos aqueles anos, eu havia vivido ao lado de alguém que tinha visto minha mãe, que tinha de fato conhecido minha mãe pessoalmente.

Liguei para a casa da vizinha.

— Então — disse eu —, você viu a minha mãe?

A vizinha se mostrou cautelosa.

— Espero que você não faça nada a respeito disso — disse ela. — Espero que você não dê seqüência a isso.

Fiquei surpresa com essa reação. Qual era o seu medo? Que eu destruísse minha família, a família da mulher, que eu criasse um tumulto? E eu, minha vida, o caos enorme que havia sido minha existência?

— Como ela era?

— Era linda. Usava um terninho de *tweed* e eu não conseguia acreditar que ela havia acabado de ter um bebê. Não parecia grávida de jeito algum. Era magra. E tinha o cabelo preso em um coque.

Imaginei Audrey Hepburn.

— Ela se parecia comigo?

Não lembro o que a vizinha disse. Eu estava sofrendo da surdez que surge em momentos de grande importância.

— Eu vestia roupas feias — contava-me a vizinha. — Me disfarcei. Não queria que ela soubesse de nada. E ela também estava muito preocupada com o fato de alguém saber quem ela era.

A quantidade de mistério que cercou os procedimentos foi enorme, tudo era subentendido e secreto. Por baixo da intriga estava o elemento de vergonha sobre o qual ninguém jamais falava.

A vizinha me contou que a mulher lhe disse: "Se alguma vez você me vir novamente, não dê qualquer sinal de que me conhece."

— Isso significava que, se eu a encontrasse em uma festa ou pela cidade, eu deveria fingir que nunca a tinha encontrado antes — contou-me a vizinha.

— E você alguma vez a viu novamente?

— Não, nunca mais.

"Se alguma vez você me vir novamente, não dê qualquer sinal de que me conhece." Uma única linha de diálogo, a única citação direta.

De manhã, minha mãe entra no quarto com um pedaço de papel na mão; senta-se na beira de minha cama e me pergunta de novo:

— Você quer o nome?

Não respondo. Mesmo que eu queira, não consigo dizer que sim. Parece traição.

— É o mesmo nome de uma de suas amigas — diz ela, como se estivesse tentando aliviar, reduzir a toxicidade, tornar tudo isso mais palatável. — Acho que ela tem um irmão, um advogado que vive aqui por perto... Frosh reconheceu o nome.

— Pode deixar aí na escrivaninha — digo. O nome dela é Ellen. Ellen Ballman. Soa como nome falso. Ball-man. Como ela é? O que ela faz? Ela é inteligente?

Uma vez conheci uma mulher que era adotada e cuja mãe havia voltado para reencontrá-la. A mãe era fotógrafa e viajava muito. Era adorável, acolhedora, respeitosa. Ela disse: "Só quero que você saiba que estou aqui caso você precise de mim."

Minha mãe havia dito que Ellen tinha um irmão que morava na vizinhança. Procuro pelo endereço do irmão. Saio para dar uma volta. Estou testando isso — o conceito de família biológica. A casa dele fica no meu caminho habitual. Tenho o hábito de dirigir para pensar, dirijo da mesma forma que outras pessoas fazem ginástica. Tenho uma rotina, pontos de referência. Tenho ido e voltado por essa rua há anos, fixada na silhueta das colinas, nas longas avenidas — como é estranho que a casa de meu tio esteja apenas uma esquina à esquerda.

Tijolos brancos, muitos carros, uma tabela de basquete na entrada da garagem — um ponto sensível. Quando garota, uma das coisas que eu mais queria era uma tabela. Centenas de vezes ao ano eu pedia uma, e meus pais, totalmente não-atléticos, diziam que não. Uma tabela de basquete arruinaria a integridade estética da casa. Eu jogava na casa ao lado, jogava na rua, jogava até que alguém inevitavelmente colocasse a cabeça para fora da janela e sugerisse que eu fosse para casa jantar.

Estaciono em frente à casa do tio; é a primeira vez que me aproximo tanto de alguém com vínculos biológicos comigo. Permaneço no carro imaginando-os lá dentro, o tio e seus filhos, meus primos. Os enfeites de Natal estão visíveis. Vejo a árvore deles pela janela. Imagino que este seja um lugar alegre e próspero. Imagino que, de alguma forma, eles são melhores do que eu. Vou embora.

Contrato uma detetive particular, a amiga de uma amiga — também adotada. Forneço-lhe as poucas informações que possuo.

— Preciso de algumas horas — diz ela.

Sou uma espiã, uma caçadora na pista certa. Não tenho idéia do que estou fazendo, exceto que quero obter informações, algo para servir como base antes de agir. Não quero mais surpresas.

A detetive me liga de volta.

— A mulher que você está procurando não está na lista telefônica de Nova Jersey. E não tem carteira de motorista daqui, mas é proprietária de uma casa na área de Washington.

A detetive me dá o endereço. Volto para o carro. Fica perto, muito perto. Será que ela sempre viveu tão perto assim? Será que ela viveu ali esse tempo todo? Será que eu a vi em algum lugar e não sabia quem era — em um shopping ou restaurante? Dou uma volta ao redor da casa. Parece vazia. Estaciono, bato na porta de um vizinho, faço perguntas, falo com estranhos. O que é um estranho? Quem é um estranho? Ela bem podia ser minha mãe.

— Você sabe o que aconteceu com o pessoal da casa ao lado? Eles se mudaram? Você sabe para onde? — Nada feito.

Vou à biblioteca de minha infância, dos resumos de livros e projetos de ciências. Procuro coisas. Estou sempre procurando coisas. Consigo um mapa da cidade de Nova Jersey, onde ela mora, encontro a rua dela. Procuro em catálogos de telefone, ligo para o serviço de informações. Nada. Por que o nome dela não está na lista telefônica? Será que ela vive com alguém? Será que ela tem outro nome? Será que ela é uma impostora? Uma criminosa?

* * *

Ligo para Frosh, o advogado.

— Uma carta, gostaria de uma carta — digo. — Quero informações: onde ela cresceu, qual seu grau de instrução, em que trabalha, qual é o histórico médico da família e quais as circunstâncias de minha adoção.

Estou perguntando sobre a história da minha vida. Há urgência em minha solicitação; sinto como se eu precisasse correr e perguntar tudo o que desejo saber. Tão de repente quanto chegou, ela poderia partir de novo.

Assim que desligo, começo a esperar pela carta.

Dez dias depois, sua carta chega sem nenhuma fanfarra. O carteiro não desce a rua correndo, gritando: "Está aqui, está aqui! Sua identidade chegou." A carta veio em um envelope do escritório do advogado com uma nota dele, escrita às pressas, desculpando-se por não tê-la enviado antes. Está claro que a carta foi aberta, provavelmente lida. Por quê? Não existe privacidade? Fico aborrecida, mas não digo nada. Não acho que tenho o direito. É uma das complicações patológicas da adoção — os adotados não sentem de fato que têm direitos, a vida deles significa carregar os segredos, as necessidades e os desejos dos outros.

A carta está datilografada em papel de carta, pequenas e simples folhas cinza, seu nome impresso em relevo no topo. Sua linguagem é de uma formalidade estranha, nada artística, gramaticalmente incorreta. Leio com rapidez e devagar ao mesmo tempo, desejando absorvê-la, mas incapaz de absorvê-la. Leio e releio. O que será que ela quer me dizer?

...na época em que eu carregava essa menininha dentro de mim, não era apropriado para uma jovem ter um filho fora do casamento. Essa foi, provavelmente, a decisão mais difícil que tive de tomar em toda a minha vida. Eu tinha 22 anos e era muito ingênua. Fui criada de uma forma muito rígida e superprotetora por minha mãe.

Lembro de estar no hospital com a menininha e vesti-la no dia em que ambas deixamos o hospital. Nunca esqueci seu lindo cabelo preto, os olhos azuis e as pequenas sardas em seu rostinho. Ao deixar o hospital com a senhora que veio pegar a menininha, ainda consigo me ver no táxi e ela me pedindo que eu lhe desse o bebê. Eu não queria lhe dar a criança. No entanto, não tinha condições de cuidar dela sozinha. Sim, sempre amei essa menininha e sempre me torturo a cada dezembro de minha vida desde o dia em que ela nasceu e que não a tenho comigo.

Ela escreve que assistir aos programas da Oprah e do Maury lhe deu coragem e confiança para prosseguir. Lista os fatos sobre onde nasceu, em que rua viveu quando era criança, como cresceu. Menciona os nomes de seus pais e quando eles morreram. Revela sua altura e seu peso.

Escreve sobre nunca esquecer.

Cada informação desliza por dentro de mim, adquire raízes profundas. Não há filtros, não há telas. Não tenho como me proteger disso.

Ela encerra a carta dizendo: "Nunca me casei, sempre me senti culpada por ter entregado essa menininha."

Sou a tal menininha.

Ligo para o advogado e pergunto se há outra carta com mais informações, um histórico médico, uma explicação mais detalhada dos acontecimentos, a vida dela desde então, alguma fotografia.

Um dia depois, em pânico, ligo para o advogado de novo.

— Ah! — digo eu. — Esqueci de dizer. Será que você poderia perguntar a ela quem é meu pai? — Não meu pai, mas *o* pai.

— Certo — responde ele. — Vou colocar na lista.

Em alguns dias, uma segunda carta chega, novamente após ter sido aberta.

Presumo agora que eu deva lhe contar sobre Norman Hecht. Isso é difícil para mim porque significa voltar no tempo. Fui trabalhar para Norman na Princess Shop no centro de Washington, D.C. Eu tinha 15 anos. Trabalhava para ele às terças-feiras à noite e aos sábados. Durante o verão, trabalhava em tempo integral. Como você sabe, Norman era muito mais velho do que eu. Ele era muito simpático comigo. O relacionamento começou de forma muito inocente. Ele se oferecia para me levar em casa e conversávamos sobre muitas coisas no caminho. Então, um dia, enquanto estávamos trabalhando, perguntou-me se eu não gostaria de jantar com ele. Esse foi o começo. Aos 17 anos, ele ligou para minha mãe e perguntou se podia casar comigo. Minha mãe disse: "Ela é muito nova." Desligou o telefone, virou-se para mim e disse: "Não quero que você encontre esse homem nunca mais." Naquele momento, eu estava apaixonada e nada que ela dissesse me faria voltar atrás. Sempre fui uma pessoa muito determinada. Teimosa, se você assim preferir. Essa sou eu. Norman estava casado naquela época e prometeu se divorciar e casar comigo. Não foi idéia minha, mas dele. O tempo passa, fico grávida da menina. Ele acha que eu deveria me mudar para a Flórida. Ele compraria uma casa para nós dois. Cerca de três meses depois, me sinto muito infeliz. Volto para Washington. Norman e eu começamos a nos desentender. Durante os últimos três meses de gravidez, fiquei com minha mãe na Virgínia, onde ela mora.

Logo antes de o bebê nascer, Norman diz novamente que se casará comigo. Perguntou se poderia passar para me pegar e me levar para comprar coisas para o bebê. Disse-lhe que não. Não liguei para ele quando o bebê nasceu.

Norman, até onde sei, vive em Potomac, no estado de Maryland. Ele tem quatro filhos. Todos nasceram antes de nossa filha. Ele foi um dos melhores jogadores de futebol americano na época da universidade. Pelo que sei, seu pai era judeu, e sua mãe, irlandesa. Eu só conheci a mãe dele. Era uma senhora baixinha e gorducha. Muito gentil e simpática comigo.

Você perguntou sobre minha saúde em geral. Tenho problemas de bronquite recorrentes. Trato com remédios. O clima úmido não combina comigo. Tomo remédio para pressão alta. No mais, estou bem. Sou míope e tenho dentes frágeis. Ambos herdados; os olhos, do meu pai, os dentes, da minha mãe.

Ela termina sua segunda carta assim: "...tenho um medo enorme de me decepcionar com o que estou fazendo agora."

Mais tarde, ela me conta que Frosh, ao ler a carta, reconheceu o nome do pai e telefonou para ela dizendo que se ela fosse revelar o nome, era melhor dizer a ele antes que ia fazer isso. Ela me conta que ligou para meu pai, que ele ficou chocado ao retomar contato com ela, horrorizado com o que ela estava fazendo, e lhe disse que assistir à Oprah e ao Maury não combinava com ela.

Frosh me deixa louca com seu intrometimento. Ele fica interferindo e interrompendo os acontecimentos... Afinal, de que lado ele está, o que ele está procurando, quem ele está tentando proteger? Não quero que ninguém leia minha correspondência. Abro uma caixa postal. Ligo para Frosh e peço-lhe que passe o número da caixa postal para Ellen. De propósito, não lhe dou meu sobrenome nem meu número de telefone. Após não ter qualquer controle sobre essa situação por 31 anos, preciso medir as coisas, moderar a freqüência dos contatos.

O pai, outro nome para procurar na lista telefônica, outro conjunto de lacunas para preencher. O que seu nome significava para o advogado? Por que ele o reconheceu? Quem é meu pai?

Ligo para um amigo em Washington, um nativo, um homem que sabe das coisas.

— Esse nome lhe é familiar?

Pausa.

— Sim. Ele costumava freqüentar um dos clubes.

— Algo mais? — pergunto.

— Isso é tudo que lembro. Se me lembrar de algo, ligo para você.

— Obrigada.

— Ei, é alguém sobre quem você está pensando em escrever?

Na semana seguinte, sem qualquer aviso, meus pais me visitam em Nova York.

— Surpresa, surpresa!

Eles estão sendo incrivelmente simpáticos, carinhosos e adoráveis, como se eu tivesse uma doença terminal — seis meses de vida.

— Gostaríamos de sair com você para jantar — dizem eles.

Não posso ir e não consigo lhes dizer por quê. Falo para eles irem jantar, sabendo que, enquanto estiverem fora, vou ligar para ela.

A voz dela é a mais assustadora que já ouvi — grave, nasal, rouca e vagamente animal. Digo-lhe quem sou e ela grita: "Ai, meu Deus. Este é o dia mais maravilhoso da minha vida." Sua voz, sua emoção surgem em soluços, como uma pontuação. Não consigo entender se ela está rindo ou chorando. Ao fundo, há um estalido, uma forte tragada — fumando.

A ligação telefônica é excitante, como o flerte de um primeiro encontro, como o começo de algo. Há uma onda de curiosidade, o desejo de saber tudo de uma vez. Como é sua vida, como seus dias começam e acabam? O que você faz para se divertir? Por que você veio e me descobriu? O que você quer?

Cada nuance, cada detalhe significa algo. É como se eu fosse uma amnésica recuperando a memória. O que sei sobre mim mesma, coisas que existem sem linguagem, meu hardware, meus processos mentais, partes de mim que são fundamental e inexoravelmente eu estão sendo ecoadas no outro lado, confirmadas como o resultado positivo de um exame de DNA. Não é uma sensação totalmente confortável.

— Conte-me sobre você... Quem é você? — pergunta ela.

Conto que moro em Nova York, que sou escritora e que tenho um cachorro. Nem mais nem menos.

Ela me conta que adora Nova York, que o pai dela costumava ir a Nova York e sempre voltava com presentes da loja de brinquedos FAO Schwarz. Ela me diz o quanto amava o pai, que o pai morreu de ataque cardíaco quando ela tinha sete anos porque "ele gostava de comida gordurosa".

Isso causa uma dor imediata em meu peito: a idéia de que eu talvez possa morrer prematuramente de um ataque cardíaco, de que agora sei que preciso tomar cuidado, de que as coisas que mais aprecio são perigosas.

Ela continua:

— Venho de uma família muito estranha. Não somos certinhos.

— O que você quer dizer com "estranha"? — pergunto.

Ela conta sobre a morte da mãe por causa de um derrame há poucos anos. Conta sobre o desmoronamento de sua própria vida, como ela se mudou de Washington para Atlantic City. Conta que, depois que eu nasci, sua mãe não foi buscá-la no hospital. Ela teve de tomar um ônibus para casa. Conta que teve de reunir todas as forças e coragem para me procurar.

E depois ela diz:

— Você já teve notícias de seu pai? Seria bom se nós três nos encontrássemos. — E acrescenta: — Podíamos os três ir até Nova York e jantar juntos.

Ela quer tudo de repente e isso é demais para mim. Estou falando com a mulher que pairou em minha mente, maior do que a vida, durante toda a minha vida, e estou apavorada. Há uma fratura profunda em meus pensamentos, um refrão ecoando constantemente: não sou quem pensei que fosse e não tenho a menor idéia de quem sou.

Não sou quem pensei que fosse, e tampouco ela é a rainha das rainhas que eu havia imaginado.

— Não posso ver você por enquanto.

— Por que não?

Fico tentada a lhe dizer: "Você não pode me ver imediatamente porque neste momento não estou visível para ninguém, nem para mim mesma. Evaporei."

— Quando poderemos conversar de novo? — pergunta ela antes de desligarmos. — Quando? Espero que você me perdoe pelo que fiz há 31 anos. Quando poderemos nos ver? Se você dissesse sim, eu estaria aí em um instante. Apareceria na sua porta. Você me liga logo? Eu te amo. Eu te amo muito.

Meus pais voltam do jantar. Estou olhando uma foto dela, uma cópia da sua carteira de motorista que o advogado me encaminhou. Ellen Ballman, forte, imponente, feroz, como uma agente penitenciária. Há uma outra fotografia no envelope — Ellen com uma sobrinha e um sobrinho, com bichos de pelúcia ao fundo. Há algo no jeito como o sentimento passa por seu rosto; algo vagamente familiar. Nas bochechas, nos olhos, nas sobrancelhas e na testa, enxergo traços de mim.

— Como ela chegou ao nome do Frosh? — quer saber minha mãe.

— Ela disse que ouviu uma vez e nunca mais esqueceu.

— Interessante — diz minha mãe —, porque Frosh não foi o primeiro advogado; o primeiro morreu e contratamos Frosh depois que você nasceu, quando enfrentávamos alguns problemas.

— Que tipo de problemas?

— Ela nunca assinou os papéis. Ela deveria ter assinado antes de deixar o hospital, mas não o fez. E depois, combinamos de ela ir ao banco assiná-los, mas ela nunca apareceu lá. Ela nunca assinou nada e, quando fomos ao tribunal pela primeira vez, o juiz não nos deixou fazer a adoção porque os papéis não estavam assinados. Demorou mais de um ano depois disso até que, enfim, um segundo juiz permitisse que nós fizéssemos a adoção sem uma assinatura. Vivi um ano inteiro com medo. Tinha medo de deixar você sozinha com qualquer um, exceto com seu pai e sua avó, com medo de que ela aparecesse e levasse você se eu virasse as costas.

Penso em minha mãe, depois de ter perdido um filho seis meses antes do meu nascimento, de ter conduzido um filho para dentro e para fora da vida. Penso nela, depois de ter me recebido como um tipo de presente de convalescença, tendo de se preocupar com o fato de que, a qualquer momento, eu também pudesse desaparecer. Não conto à minha mãe uma das primeiras coisas que Ellen Ballman me disse: "Se eu soubesse onde você estava, teria ido e pegado você de volta." Não conto à minha mãe que, afinal, Ellen Ballman não estava tão distante assim — apenas alguns quilômetros. "Eu costumava olhar para crianças", disse-me Ellen. "E, às vezes, eu as seguia, imaginando que uma delas poderia ser você."

* * *

Nossas conversas são freqüentes — ligo para ela várias vezes por semana, mas não lhe dou meu número de telefone. São sedutoras, viciadoras, dolorosas. Cada uma delas mexe comigo; cada uma delas exige um período de recuperação. Cada vez que eu lhe digo algo, ela pega a informação e a mantém perto demais, reinvestindo-a e devolvendo-a para mim de uma forma que me faz desejar dizer menos, querer que ela não saiba nada.

Ela me diz que nunca se deu bem com seu padrasto e que sua mãe era fria e cruel. Sinto que há mais nessa história do que ela está me contando. Percebo que algo acontecia em sua casa, que envolvia o padrasto, e a mãe sabia e a acusava disso — o que também explicaria a animosidade entre eles e o porquê de Ellen, na adolescência, ter sido atirada nos braços de um homem mais velho e casado. Nunca lhe pergunto sobre isso de forma direta. Parece invasivo; sua necessidade de se proteger é maior do que minha necessidade de saber. Há uma falta de conhecimento estranha e ansiosa no que ela diz que torna difícil o entendimento correto da história. Ela me lembra a personagem Blanche DuBois, de Tennessee Williams, passando de pessoa para pessoa, desesperada para conseguir algo, encontrar o alívio da dor sem fim. Sua falta de sofisticação me deixa incerta quanto à sua inteligência ser ou não limitada, ou se ela é apenas de uma ingenuidade chocante.

— Você pensou em fazer um aborto?

— Isso nunca me ocorreu. Não conseguiria fazer isso.

A gravidez, concluo, era a forma perfeita para sair da casa da mãe e entrar na vida de meu pai. Deve ter sido uma boa idéia, até meu pai se recusar a largar sua mulher. Ele tentou. Mandou Ellen para a Flórida dizendo que ia ao seu encontro... E nunca apareceu. Três meses depois, com saudades de casa, ela voltou para Washington. Eles alugaram um apartamento; por quatro dias, ele viveu com Ellen. Depois, ele voltou dizendo que "os filhos sentiam sua falta". Ellen mandou prendê-lo com base em uma antiga lei de Maryland que pune a deserção. Naquele momento, sua esposa também estava grávida de um menino que nasceu três meses antes de mim.

— Num dado momento ele me pediu que fosse encontrá-lo no escritório de seu advogado — diz ela — para que pudéssemos encontrar uma forma de "cuidar de tudo". Sentei com ele e seu advogado, que fez um diagrama e disse: "Há um bolo e apenas um certo número de fatias de bolo." "Não sou um bolo", disse eu e me retirei. Nunca fiquei tão zangada em minha vida. Fatias de bolo! Contei para minha amiga Esther que estava esperando um bebê e não sabia o que fazer. Ela me disse que conhecia alguém que desejava adotar um bebê. Disse-lhe que o bebê deveria ir para uma família judia que a tratasse bem. Eu me referia a você como "o bebê". Não sabia se você era menino ou menina. Eu não conseguiria cuidar de você sozinha. Moças de família não eram mães solteiras.

Ela se interrompe e pergunta:

— Você acha que, um dia, podemos encomendar um retrato pintado de nós duas?

Seu pedido parece vir de um outro mundo, de uma outra vida. O que ela faria com um retrato? Pendurá-lo em cima da lareira em Atlantic City? Enviá-lo ao meu pai como presente de Natal? Ela parou no tempo, está cheia de fantasias com aquilo que poderia ter sido. Após 31 anos, ela voltou para recuperar a vida que nunca teve.

— Tenho que ir, estou atrasada para o jantar — digo.

— Certo — diz ela. — Mas antes de sair, não se esqueça de vestir o suéter de caxemira para não ficar com frio.

Eu não tenho um suéter de caxemira.

— Quando vou poder ver você? — começa ela de novo.

— Ellen, isso é tudo muito novo para mim. Você talvez tenha pensado sobre isso durante muito tempo antes de entrar em contato comigo, mas para mim foram apenas duas semanas. Preciso ir aos poucos. Vamos nos falar de novo em breve. — Desligo. O suéter é a fantasia de Ellen, uma imagem de uma experiência que não é minha, mas uma que tem sentido e importância em algum outro lugar de seu passado.

Estou me perdendo. Nas ruas, vejo pessoas que se parecem — famílias em que cada rosto é uma versão matizada do outro. Observo como elas ficam em pé, como andam e falam, variações sobre o mesmo tema.

Dias depois, telefono para Ellen de novo.

— Ruggles dormiu no corredor — diz ela. Ruggles é o bicho de pelúcia que lhe mandei, num gesto de gentileza. Esta noite, Ruggles sou eu.

Ouço um barulho de isqueiro sendo aceso, o tragar de um cigarro.

— Estou zangada com você, sabia?

— Sabia.

— Por que você não quer me encontrar? — geme ela. — Você está me torturando. Você cuida melhor do seu cão do que de mim.

E eu deveria cuidar dela? Foi por isso que ela voltou?

— Você deveria me adotar e cuidar de mim — diz ela.

— Não posso adotar você — respondo.

— Por que não?

Não sei como responder. Não sei se estamos falando de fantasia ou realidade. E aquela história de "os interesses da criança em primeiro lugar"? Quem é o pai e quem é a criança? Não posso dizer que não desejo uma filha de cinqüenta anos de idade.

— Você está me assustando. — Isso é tudo que consigo dizer.

— Por que você não me perdoa? Por que você está sempre zangada comigo?

— Não estou zangada com você — digo-lhe e é a mais pura verdade. Entre todas as coisas que sinto, raiva não é uma delas.

— Não fique zangada comigo para sempre. Se eu soubesse onde você estava, eu teria ido e trazido você comigo.

Imagine só — raptada pela própria mãe, a mesma mãe que tinha aberto mão de você ao nascer. Ela vivia a menos de três quilômetros do lugar onde eu havia crescido e, por sorte, não sabia quem eu era nem onde eu estava. Não consigo imaginar nada mais amedrontador.

— Não estou zangada com você.

Estou apavorada com a forma como me enxergo nela — o parafuso solto não é de todo estranho — e devastada pela possibilidade de, no fim, acabar rejeitando a única pessoa que nunca tive qualquer intenção de rejeitar. Mas não estou zangada. Não sou impiedosa. Quanto mais Ellen e eu nos falamos, mais feliz eu fico por ela ter me passado adiante. Não consigo me imaginar crescendo com ela. Não teria sobrevivido.

— Você já falou com seu pai? Estou surpresa por ele ainda não ter entrado em contato com você.

Ocorre-me que meu "pai" pode estar tendo a mesma reação para com ela que eu; acho que ele está me igualando a ela e que pode ser essa uma das razões pelas quais ele mantém distância. Também me ocorre que ele pode pensar que ela e eu estamos, de alguma forma, atuando em conluio nisso, conspirando para obter algo dele.

Escrevo para ele uma carta informando-o sobre o quanto fiquei surpresa com o aparecimento de Ellen e sugerindo que, embora seja algo que tanto eu quanto ele não procuramos, seria bom tentarmos lidar com isso com alguma elegância. Conto-lhe um pouco sobre mim. Dou-lhe informações para entrar em contato comigo.

Vou à academia. No alto, há uma bancada com televisões, CNN, MTV e Cartoon Network. Estou assistindo a um desenho animado no qual uma cesta contendo um filhote de pássaro é deixada em frente a uma porta de madeira entalhada na base de uma árvore. As palavras "toc, toc" aparecem na tela. Um galo grande abre a porta e pega a cesta. Um bilhete está pregado no tecido que cobre a cesta.

Prezada senhora,
Por favor, cuide deste pequenino.
Assinado,
A Grande

O galo olha dentro da cesta; um filhote de pássaro, pequeno mas cheio de vida, salta de dentro dela. O galo fica alvoroçado. Uma imagem do filhote de pássaro em uma frigideira dança na cabeça do galo. Uma galinha usando um chapéu de camponesa entra na casa e empurra o galo para longe. O galo fica decepcionado. Estou na esteira, aos prantos.

Passam-se alguns meses. É uma noite fria entre o final do inverno e o começo da primavera e estou em Washington, D.C. Gastei uma hora dando voltas no quarteirão da casa do meu pai, imaginando por que ele não respondeu à minha carta.

Sou uma detetive, uma espiã, uma bastarda. A casa é grande; tem piscina, quadra de tênis e uma porção de carros na entrada da garagem. Fico sentada do lado de fora, escondida pela noite, imaginando-o com sua família, esposa, seus outros filhos.

Estou ali fora olhando para dentro, as luzes interiores desnudam suas vidas. As janelas acesas são como aparelhos de raios X luminosos.

De fora, parece que ele tem tudo e mais alguma coisa. As paredes em um dos quartos do andar de cima são pintadas de verde-floresta forte, com um friso branco nas bordas. Imagino que seja a biblioteca.

Vejo uma menina puxar a cortina e olhar para fora — será que é minha irmã?

No gramado em frente à casa, há um cartaz que diz: "Vendo." Fico pensando em ligar para o corretor e percorrer cômodo por cômodo como um verdadeiro fantasma, invisível, desconhecido, colhendo informações, inspecionando gavetas, armários, adquirindo uma falsa intimidade ao passar entre as coisas deles, testemunhando como vivem, de que forma desenrolam o papel higiênico, que livros têm na mesa-de-cabeceira.

Sento do outro lado da rua até me cansar e então retorno para a casa de meus pais.

Há um recado na secretária eletrônica em minha casa em Nova York — a voz rouca, acentuada, áspera:

— Sua identidade secreta foi desvendada. Sei quem você é e sei onde você mora. Estou lendo seus livros.

Ligo para ela imediatamente.

— Ellen, o que você anda fazendo?

— Descobri quem você é, A.M. Homes. Estou lendo seus livros.

Essa é a primeira vez em minha vida que me arrependo de ser escritora. Ela tem algo que pertence a mim e pensa que tem a mim.

— Como você conseguiu meu telefone?

— Sou muito esperta. Liguei para todas as livrarias de Washington e perguntei para eles: "Quem é a escritora de Washington cujo nome é Amy?" A princípio, pensei que você fosse outra pessoa, alguma outra Amy que escreveu um livro sobre Deus, mas depois uma das livrarias me ajudou e me deu seu número.

Ela me persegue. Paro de atender o telefone. Toda vez que ele toca, toda vez que recebo recados, me preparo.

— Você vive com alguém na Charles Street? Ele está aí? Ele não gosta quando eu ligo?

— Como você sabe que moro na Charles Street?

— Sou uma boa detetive.

— Ellen, tudo isso é muito constrangedor. Como você sabe onde moro?

— Não preciso dizer para você — responde ela.

— Então também não tenho que continuar esta conversa — retruco.

— Por que você não quer me encontrar? Tenho que ir até aí e achar você? Tenho que ir até a Universidade de Columbia e caçar você? Tenho que esperar na fila para pegar um autógrafo?

— Preciso trabalhar. Preciso ensinar meus alunos, continuar a divulgação do meu livro e fazer todas as coisas que tenho de fazer sem me preocupar com o fato de você me perseguir. Você não pode fazer isso. Tenho que continuar minha vida.

— Preciso ver você.

Não há limites. Trata-se de suas necessidades, incessantes e totais — ela quer mais e mais. Não posso impor regra alguma. Não posso dizer não.

Às vezes, quando criança, eu chorava inconsolavelmente. Berrava, um grito primitivo, tão profundamente gutural, celular e perfeitamente real que aterrorizava minha mãe.

— Pare com isso, você precisa parar! Está me ouvindo? Por favor, pare!

Quando eu conseguia falar alguma coisa, eu dizia: "Quero minha mãe. Quero minha mãe." De novo e de novo — um feitiço. Eu repetia isso sem parar, consolando-me ao repetir as palavras. "Quero minha mãe, quero minha mãe."

— Estou bem aqui — dizia ela. — Sou sua mãe. Sou a mãe que você tem.

Desde que Ellen voltou, nunca mais gritei desse jeito. Ansiava por algo que nunca existiu.

A falta de pureza se tornou clara para mim — não sou filha de minha mãe adotiva, não sou filha de Ellen. Sou um amálgama. Sempre serei algo remendado, algo ligeiramente quebrado. Não é algo de que eu possa me recuperar, mas algo que preciso aceitar, conviver — com compaixão.

Quero minha mãe.

— Você queria que ela não tivesse voltado? — pergunta minha mãe. — Você queria que nós não tivéssemos lhe contado?

— Vocês não tinham esse direito.

Será que meu desejo é que ela não tivesse voltado? Às vezes. Sim. Mas já que isso aconteceu, eu não gostaria de interromper o fluxo de informações. Trata-se de destino, o ciclo de vida da informação. Já que sei algo, a quantidade de esforço que leva para negá-lo, para abdicar do conhecimento, é enorme e potencialmente mais perigoso do que simplesmente continuar com o que sei e ver aonde isso vai me levar.

Cegueira — maio de 1993. No dia em que meu romance foi lançado, enfio por acidente o *New York Times* no olho e machuco a córnea. A dor é lancinante. Tateio até encontrar o número de telefone do oftalmologista e corro para seu consultório, retornando horas mais tarde com o que parece ser um tampão enorme preso com esparadrapo sobre meu rosto. Há um recado de meu editor me avisando da publicação de uma crítica do meu livro no *Washington Post*, uma mensagem de minha mãe dizendo que ela havia conseguido *brownies* e *crudités* para serem servidos durante minha leitura no dia seguinte em Washington e uma mensagem do "pai".

— Aqui é Norman — diz ele, sua voz vacilante, tateante, engasgada em si mesma. — Recebi sua carta. Por que você não me liga quando tiver um tempinho?

Faz mais de um mês desde que escrevi para ele. Se a crítica não tivesse aparecido no *Washington Post*, ele teria ligado? Se eu fritasse hambúrgueres em um McDonald's em vez de escrever livros, ele teria entrado em contato comigo?

— E aí, o que você conta, hein? — pergunta ele quando retorno sua ligação. Ele é um grande executivo intimidador, mas há algo nele, alguma metade-coração que me agrada no mesmo instante.

— Você falou com a Dona Encrenca? — pergunta ele, e eu presumo que ele esteja se referindo a Ellen.

— Ela é meio doida.

Ele ri.

— Sempre foi. Por isso que tive de fazer o que fiz.

Norman, uma ex-estrela de futebol americano, um veterano de guerra, por alguma razão se sente obrigado a me motivar. Cinqüenta anos depois do fato, ele cita o que o técnico lhe dizia sobre continuar jogando, sobre não se dar por vencido. Ninguém jamais falou comigo dessa maneira antes; há algo que me agrada nisso — é reconfortante, inspirador. Ele não poderia ser mais diferente do pai que me criou, um tipo intelectual. Se eu dissesse a Norman que passei todos os sábados de minha infância indo a museus, ele não saberia o que dizer.

— Estarei em Washington amanhã e ficarei lá alguns dias por conta da campanha de lançamento do livro — disse eu.

— Por que você não me encontra no escritório de meu advogado para conversarmos?

Penso em Ellen: "Não sou uma fatia de bolo."

No dia seguinte, faço uma sessão de leitura em Washington; a livraria está lotada de vizinhos, parentes, minha professora da quarta série, amigos antigos do ensino fundamental, de meus primeiros seminários de escrita. Não tive chance de contar a ninguém com antecedência sobre o ferimento no olho. Quando levanto para ler, eles ficam chocados.

— Estou bem — digo. — Ficará bom em poucas semanas. — Abro o livro. Meu campo de visão é um círculo de aproximadamente dois centímetros de diâmetro. Seguro as páginas bem na frente do meu rosto. Meu olho bom está meio fechado em solidariedade ao machucado. Leio o máximo que posso de memória.

Quando a leitura termina, uma longa fila se forma, as pessoas esperando com livros para serem autografados, aspirantes a escritor com perguntas. Vejo uma estranha a meia distância; uma mulher, em pé, nervosa, girando um guarda-chuva com as mãos. Instintivamente, sei que é Ellen. Continuo a autografar livros. A fila está diminuindo. No momento em que a última pessoa está saindo, ela se aproxima.

— O que aconteceu com seu olho? — irrompe ela, com aquela voz áspera.

— Você não está se comportando bem — digo. A loja está cheia de gente que não sabe que um fantasma surgiu.

— Você tem o corpo do seu pai — diz ela.

Mais tarde, quando tento recordar sua aparência, tenho apenas uma vaga lembrança de verde com bolinhas brancas, cabelo castanho empilhado no alto da cabeça. Lembro de ver seu braço e de pensar como os ossos dela eram pequenos.

À distância, outra sombra emerge. Minha mãe e uma amiga estão vindo em minha direção. Imagino as duas mães se encontrando, colidindo. Isso é algo que não pode acontecer. É totalmente contra as regras. Ninguém pode ter duas mães na mesma sala ao mesmo tempo.

— Há pessoas aqui cuja privacidade preciso proteger — digo a Ellen. Ela se volta e sai correndo da loja.

— Nós a reconhecemos durante a leitura — diz a amiga da minha mãe.

— Soube quem ela era imediatamente — fala minha mãe. — Você está bem? — pergunta ela, parecendo perturbada.

— *Você* está?

Tenho uma entrevista marcada com um repórter depois da leitura. Sentamos no subsolo da livraria, o gravador do repórter em cima da mesa entre nós.

— Seu livro é autobiográfico?

— É a coisa mais autobiográfica que já escrevi; mas não, não é autobiográfico.

— Mas você foi adotada?

— Fui.

— Ouvi dizer recentemente que você está procurando seus pais verdadeiros.

— Não procurei por ninguém.

Há uma pausa.

— Você sabe quem são seus pais?

Essa pergunta parece estranha, como o tipo de coisa que você perguntaria a alguém que tivesse batido a cabeça na parede e acabado de retomar a consciência.

* * *

De manhã, tomo um táxi para o centro da cidade. Vou encontrar o pai. Tomo um táxi porque estou cega, porque minha mãe está no trabalho, porque não posso pedir a meu pai que me leve de carro para encontrar meu pai. Estou fora do tempo, fora de mim. Tenho a sensação de estar num passado longínquo, quando as mulheres não dirigiam. É como se eu estivesse em uma reconstituição, uma reencenação dramática de um papel criado por Ellen — a Visita ao Escritório do Advogado —, a cena na qual a mulher grávida vai ao escritório do advogado para descobrir o que o figurão "pode fazer por ela".

No escritório do advogado, apresento-me à recepcionista. Um homem abre uma porta. É o advogado, meu pai ou apenas alguém que trabalha lá? Qualquer um pode ser ele, ele pode ser qualquer um — isso é o que acontece quando você não sabe quem você é.

Lembro-me do livro infantil *Você é minha mãe?*, no qual um filhote de pássaro sai perguntando a vários outros animais e objetos: "Você é minha mãe?"

— Você é Norman?

— Sou — responde ele, surpreso com o fato de eu não saber. Ele aperta minha mão, nervoso, e me leva para dentro de uma grande sala de reuniões. Sentamos em lados opostos de uma mesa larga.

— Meu Deus — diz ele, olhando para mim. — Meu Deus.

— Cortei minha córnea — digo, apontando para o curativo.

— Lendo uma crítica de seu livro?

— Não, os obituários — respondo, com honestidade.

— Que coisa! Você quer uma Pepsi? — Na mesa em frente a ele está uma garrafa de Pepsi suada.

Respondo que não com a cabeça.

O pai é um homem grande, de face rosada, vestido com um terno elegante, gravata com prendedor. O cabelo é branco, ralo e penteado para trás.

Olhamos um para o outro por sobre a mesa. "Que coisa!", continua ele dizendo. Ele está sorrindo. Ele tem covinhas.

Por ter crescido sem as reflexões refratadas da biologia, não tenho a menor idéia se ele se parece comigo ou não. Trouxe minha máquina fotográfica, uma Polaroid.

— Você se incomoda se eu tirar uma fotografia sua? — pergunto.

Tiro duas e ele fica sentado lá enrubescido, desconcertado.

— Posso tirar uma de você? — pergunta ele, e eu o deixo tirar a fotografia.

É como se estivéssemos fazendo um comercial perverso da Polaroid bem ali no escritório do advogado — uma reunião conduzida como uma sessão de fotografias. Circulamos a mesa e ficamos lado a lado, olhando nossas imagens surgirem. É mais fácil examinar alguém minuciosamente em uma fotografia do que na vida real — nenhum incômodo ao encontrar o olho da outra pessoa, nenhum medo de ser pego olhando. Mais tarde, quando mostro as fotografias a amigos, é óbvio para todo mundo que ele é meu pai. "É só olhar para o rosto, olha as mãos, as orelhas, são iguais às suas."

São?

Norman me apresenta um exemplar de meu livro para eu autografar. Eu assino para ele e, de repente, penso no tipo de encontro que estamos tendo. Sinto-me como um diplomata estrangeiro trocando presentes oficiais.

— Fale-me um pouco de você — peço.

— Não sou circuncidado.

Ok, talvez não tenha sido essa a primeira coisa que ele disse, mas foi certamente a segunda.

— Minha avó teve uma formação católica rígida e me fez ser batizado. Não sou circuncidado.

É uma informação estranha para se ter de seu pai. Acabamos de nos encontrar e ele está me falando sobre seu pau. O que de fato ele está me dizendo, imagino, é que se distanciou de sua porção judia e que é obcecado por seu pênis. Ele continua a contar histórias de sua bisavó, uma princesa da Prússia Oriental do século XIX, e de outros parentes, os quais eram proprietários de plantações na costa leste de Maryland — escravocratas. Conta-me que tenho direito a me associar às Filhas da Revolução Americana. Diz que um membro da família, um almirante britânico, emigrou para cá no *Arc* ou no *Dove* e que também existe uma conexão com Helmuth von Moltke, que, de acordo com Norman, disse uma vez "Vamos deixá-los apenas com os olhos para chorar" ao comandar soldados prussianos na invasão da França em 1870. Em seguida, continua falando sobre nossas conexões com os nazistas e as tropas da SS, como se isso fosse motivo de orgulho.

— E a Dona Encrenca também não é judia. Ela gosta de pensar que é, mas estudou em uma escola católica. — Os dois são metade católicos e metade judeus. Ele se identifica com um lado, e ela, com o outro.

Ele me conta como Ellen era bonita quando foi trabalhar em sua loja. Quando menciono a diferença de idade entre os dois — ela estava na metade da adolescência, ele tinha 32 anos —, ele se torna defensivo, dizendo: "Ela era uma vadia que sabia mais do que as moças de sua idade — coisas que uma jovem não deveria saber." Ele a culpa pela falta de autocontrole dele. Pergunto se alguma vez lhe ocorreu que algo poderia estar acontecendo na casa da mãe dela, algo com o padrasto dela. Ele dá de ombros e depois, quando pressionado, diz que sim, que ela tentou lhe dizer algo, mas ele realmente não sabia sobre o que ela estava falando. E que sim, talvez alguma coisa estivesse acontecendo na casa dela e que ele provavelmente deveria ter tentado descobrir.

Pergunto sobre seu relacionamento com ela. Com que freqüência eles se viam? Alguma vez ele realmente pensou em deixar a mulher?

Ele está suando, espremido em seu terno elegante.

Sua mulher sabia do caso. Ellen me contou isso. Ellen também me contou que Norman, às vezes, trazia o filho mais velho para sair com eles. Ela foi apresentada aos mais novos, mas nunca os conheceu muito bem.

Será que Norman pensava que ele era tão gostoso que poderia ter tudo? Imagino a riqueza do início da década de 1960, drinques em copos compridos e vestidos de festa azul-piscina, Cadillacs conversíveis, cabelo comprido, Ellen fazendo o tipo de garota Audrey Hepburn demente, Norman, o confiante herói do time de futebol e veterano de guerra, o cara com um brilho nos olhos, uma mulher em casa, uma jovem nas horas vagas, pensando que tinha a melhor vida do mundo.

— E o que vocês faziam para se divertir? — perguntei, e ele apenas me olhou. A resposta é evidente. Sexo. O relacionamento era puro sexo, pelo menos para ele. Sou o produto de uma vida sexual, não de um relacionamento.

— Ela tinha um problema — diz ele. — Era ninfomaníaca. Saía com outros homens, muitos homens.

Neste ponto, acredito em Ellen. Quão ninfomaníaca uma estudante de 15 anos pode ser? Ela era inteligente, astuta, provavelmente treinada por uma especialista — sua mãe. (Tenho uma imagem mental da mãe de Ellen como Shelley Winters no papel de Charlotte Haze em *Lolita.*) No entanto, o que Ellen procurava em Norman era conforto.

Fica claro que Norman ainda gosta de Ellen. Ele me pergunta sobre ela em detalhes. Sinto-me como uma filha de pais divorciados, exceto pelo fato de que não tenho a menor idéia de quem sejam essas pessoas. Não tenho a mínima idéia sobre o que eles estão falando. E o que mais os interessa é falar um do outro.

Ele me conta que ele e a mulher queriam me adotar, mas que Ellen não concordou.

— Eu queria cuidar de você — diz ele. — Depois que aconteceu, depois que você nasceu, ouvi falar que você era menino. — Ele olha para mim como se houvesse algo a ser dito.

— Não sou — digo.

— Acho que foi bom não termos adotado você. Minha mulher podia ter descontado em você, podia ter tratado você mal.

— É, foi melhor.

— Ela me contou que estava grávida no dia em que minha mãe morreu.

Mais tarde, pergunto a Ellen sobre essas coisas e ela fica furiosa.

— Ele jamais adotaria você. Ele nem sequer sugeriu isso. Fui eu que tomei todas as providências sozinha e nunca disse a ele o que ia fazer.

— Você contou para ele que estava grávida no dia em que a mãe dele morreu?

— Contei — diz ela, e ouço o barulho desafiante de um isqueiro sendo aceso, o tragar de um cigarro.

Mudo de assunto.

— Ellen me contou sobre o pai dela — digo para Norman. — Ela era muito apegada a ele e ele morreu de ataque cardíaco.

— Ele não morreu de ataque cardíaco — diz Norman, indignado. — Ele era o banqueiro de apostas ilegais da Casa Branca e morreu num tiroteio com um outro banqueiro.

— Faz sentido. Isso explica uma parte da história que Ellen realmente não conseguiu explicar, algo sobre homens carregando seu pai para dentro de casa, seu pai morrendo no quarto e a família tendo que se hospedar em um hotel elegante por um tempo.

Lembro de uma das minhas primeiras excursões escolares ao Teatro Ford — a imagem de Abe Lincoln atingido por um tiro e depois carregado pela rua para dentro da Estalagem Petersen, morrendo lá.

Estou aliviada pelo fato de o pai de Ellen não ter morrido de ataque cardíaco. Existem criminosos em meu passado, mas, pelo menos, seus corações são fortes.

— Conte-me sobre sua "gente" — pede Norman. Ele pergunta sobre "sua gente" como se eu tivesse sido criada por lobos. Fica claro que minha gente não é a mesma "gente dele".

— Minha gente — conto-lhe — é adorável. Não podiam ser melhores. — Não lhe devo nada. Minha gente é composta de judeus, marxistas, socialistas, homossexuais. Ele não conseguiria entender nada sobre mim, sobre minha vida.

Aos poucos, estamos diminuindo o ritmo. Estou exausta.

— Gostaria de acolher você em minha família, apresentá-la a seus irmãos e irmã. Você tem três irmãos e uma irmã. Mas antes que eu possa fazer isso, minha mulher deseja esclarecer tudo. Ela quer um teste para comprovar que você é minha filha. Você faria um teste de DNA? Não precisaria pagar.

É o "não precisaria pagar" que me abala. Seria essa a minha grande recompensa, a reparação pelos erros do passado — um teste de DNA? E o que está por trás da porta número três? Apesar de achar um insulto, de certa forma não posso culpá-lo. Jogar isso em cima da ciência pode ser uma boa idéia — pode tornar fato algo que parece ficção.

— Vou pensar — digo.

— Que coisa!

Em meados de julho de 1993, concordo em me submeter ao teste de DNA. Norman e eu combinamos nos encontrar em um laboratório. Tomo o trem para Washington.

É menos um laboratório e mais um centro de coleta, um buraco negro burocrático, o escritório mais genérico que já foi projetado. A luz fluorescente funciona como um raio X que coloca tudo em relevo.

Norman está lá esperando — o único homem branco na sala. É a primeira vez que o vejo desde o escritório do advogado. Sentamos lado a lado, as cadeiras de metal são grudadas — proximidade forçada.

Esperamos.

Eles chamam o nome de Norman. Ele tenta lhes dar um cheque pessoal, mas eles não aceitam. Há avisos por toda parte detalhando as formas de pagamento aceitas: todos os cheques precisam ser visados. Ele se oferece para pagar em dinheiro, mas eles não aceitam dinheiro, apenas cheques visados. Ele vai ao banco no andar de baixo, mas, por alguma razão, não consegue visar o cheque. Ele retorna, confuso, humilhado. Ele insiste que o técnico dê um telefonema, que abra uma exceção, mas é tudo inútil. O cheque e o sangue precisam ser enviados juntos. Uma vez que o teste muitas vezes faz parte de uma ação judicial, o laboratório insiste em receber adiantado para evitar a complicação de fazer uma cobrança. Esse ramo envolve assassinatos, estupros, provas. Você é ou não é meu pai?

Na manhã seguinte, tentamos de novo.

— Há quanto tempo! — digo.

— E se quando entrarmos a enfermeira for a Dona Encrenca? Ela virá para cima de nós com uma agulha de ponta grossa e quadrada. — Norman brinca, nervoso. Eu rio, mas não acho engraçado. Temos um acordo tácito para não contar a Ellen o que estamos fazendo. O que estamos fazendo é um insulto para ela.

O técnico chama uma criancinha que está na nossa frente. O menininho grita quando ele o leva.

— Você não vai se comportar assim, vai? — pergunta Norman.

Pior, penso. Muito, muito pior.

Quando Norman se dirige ao balcão, percebo que seu traseiro parece familiar; estou olhando para ele e pensando: "Lá vai minha bunda." É a minha bunda se afastando. Seu paletó azul cobre metade dela, mas consigo vê-la dividida em seções, departamentos de bunda, igualzinha à minha. Observo suas coxas — gordas, grossas, uma visão nada bonita. Esta é a primeira vez que vejo outra pessoa em meu corpo.

Olho fixamente enquanto ele vira e retorna para onde estou sentada. Olho para seus sapatos, mocassins brancos, sapatos de clube campestre, estufados, desbotados. Dentro do sapato, os pés são largos e pequenos. Olho para cima, as mãos são iguais às minhas, quadradas como se fossem patas. Ele é uma réplica exata, minha versão masculina.

— Que coisa! — diz Norman, vendo-me observá-lo.

Entro primeiro. Arregaço as mangas. O técnico coloca as luvas, prepara os tubos de ensaio e amarra o garrote de borracha ao redor de meu braço. Cerro o punho. Norman está olhando.

A agulha penetra, uma picada metálica aguda.

Olho para Norman. Tenho uma sensação estranha. Estou dando meu sangue por esse homem, deixando que minha carne seja perfurada para provar que sou dele. É mais do que sexual.

— Pode abrir a mão — diz o técnico, e relaxo a mão.

O sangue é colhido, tubos e tubos dele, e em seguida um algodão protege minha ferida e um band-aid a cobre.

Permiti isso porque entendo a necessidade de provas, de alguma medida real de nossa relação, e também porque tenho uma fantasia de que há algo de bom nisso para mim, que Norman manterá sua palavra, me incluirá em sua família e, de repente, terei três irmãos e uma irmã — uma família extra, nova e melhorada.

— Por favor, assine aqui. — O técnico me passa os tubos, um de cada vez.

— O quê?

— Você precisa assinar os tubos.

Sinto-os mornos em minhas mãos, cheios da somatória química de quem e do que sou. Assino rapidamente, torcendo para não desmaiar. Estou me segurando em minhas próprias mãos.

Norman é o próximo. Ele tira o paletó, revelando uma camisa de mangas curtas, de estilo antiquado e triste. Seus braços são roliços, pálidos, quase fofos. Há algo tão branco nele, tão macio, tão exposto que chega a ser perverso. Ele apresenta o braço. O técnico amarra o garrote, limpa a pele com álcool e eu desvio o olhar, incapaz de assistir a esse estranho striptease genético.

Fico enjoada com tudo isso. Espero no corredor. Não o vejo segurando seu sangue, assinando os tubos. Ele sai da sala, coloca o paletó de novo e saímos.

— Eu gostaria de levar você para almoçar num lugar legal se você estivesse vestindo algo mais apropriado — diz ele quando já estamos no corredor.

Estou perfeitamente bem vestida — com calças de linho e blusa. Um teste de DNA não é ocasião para vestido de gala. Fico tentada a dizer: “Está bem, eu gostaria que você fosse meu pai se você não fosse tão boçal.” Mas estou tão chocada que me torno estupidamente constrangida. Não estou usando o que ele queria, não estou usando um vestido. Não estou realizando as fantasias dele do que seja uma filha.

Vamos a um restaurante abaixo de medíocre a um quarteirão de distância. As pessoas parecem conhecê-lo bem. Ele me apresenta ao *maître* como se isso significasse algo. Sentamos. As toalhas de mesa são verdes, os guardanapos são de poliéster.

— Você não usa jóias — diz Norman.

Sou solteira, moro na cidade de Nova York, não estou usando vestido. Sei exatamente o que ele está pensando.

Não digo nada. Mais tarde, desejarei ter dito alguma coisa. Desejarei ter dito a verdade. Não tenho jóias, mas se você me der alguns diamantes, ficarei muito feliz em usá-los. Venho de uma família que não faz esse tipo de coisa. Cresci boicotando uvas e alface porque não eram colhidos por trabalhadores sindicalizados.

Que tipo de pai faz sua filha viajar para outra cidade para provar que ela é filha dele e depois a critica por não estar usando as roupas apropriadas para o teste de DNA, por não usar jóias que ela não possui no almoço que ela nem sabia que haveria?

— Como você vai se sentir se o resultado do teste mostrar que não sou seu pai?

Você é meu pai, penso. Não tinha certeza antes, mas agora, vendo você, vendo seu traseiro, meu traseiro, tenho certeza.

O calor é desumano. Estou sendo torcida como um pano de chão molhado. Ando como se tivesse sido atingida por algo, desolada. Tornei-me uma estranha para mim mesma.

Ser adotada é ser adaptada, ser amputada e costurada de novo. Mesmo se todas as funções forem recuperadas, sempre restará uma cicatriz.

Já em casa, minha mãe quer fazer algo para eu me sentir melhor. Ela me leva para fazer um piquenique. Vamos à Cidade de Candy Cane — o parque da minha infância — e nos sentamos em uma mesa embaixo das árvores olhando para o carrossel, o conjunto de balanços, o escorrega de alumínio. Tudo está vazio agora, deserto nessa onda de calor abrasador. Coloco a mão no escorrega, o metal está quente como uma brasa — o contato é bom.

Minha mãe desembrulha um sanduíche de mortadela. Essa é a prova de que ela está se esforçando. Em nossa casa não entra mortadela nem pão branco. Esse era meu sanduíche preferido na minha infância, aquele que eu comia apenas em excursões escolares e ocasiões especiais. Ela tira um saco de batatas fritas e uma Coca-Cola gelada de uma sacola, reproduzindo minha idéia mais antiga do sublime. Olhamos para as quadras de tênis, as tabelas de basquete, o bebedouro, tudo isso indelevelmente gravado em minha memória. Eu poderia vir a este parque em meus sonhos, assim como o visito com freqüência em minha ficção.

— Leve-me para passear — peço.

— Amanhã — responde ela. — Amanhã eu tiro o dia de folga e vamos a algum lugar.

De manhã, partimos. O movimento do carro é reconfortante — ele compensa minha incapacidade de me mover, atende à minha necessidade de alguém me levar, me carregar. A estrada se abre.

Não digo a minha mãe o que aconteceu quando fiz o teste de sangue, não lhe digo o quanto estou deprimida. Não digo nada porque qualquer coisa que eu diga a fará ficar angustiada, zangada, e depois terei de lidar com seus sentimentos. E, no momento, estou lutando para entender os meus próprios.

Eu queria ter um vídeo de Norman, da sua bunda se afastando. Eu queria filmá-lo dizendo: "Você não está vestida de maneira apropriada." Eu queria ter uma gravação em áudio de Ellen, suas projeções deslocadas, seu estranho hábito de parecer me confundir com sua mãe morta, me acusando de não lhe dar a atenção que deseja, de não fazer o suficiente por ela.

Eu queria ter isso tudo de tal forma que pudesse ser rotulado e colocado sobre uma mesa grande — como uma prova.

Minha mãe está nos levando em direção ao passado, para Berkeley Springs, West Virginia, uma cidade escura, velha e úmida. Essa cidade era o destino de George Washington quando ele queria tomar um banho de imersão, sede dos mais antigos banhos minerais dos Estados Unidos; meus avós costumavam nos levar lá.

Este é um lugar do meu passado que é familiar, intocável, imutável. Estou contente por ser levada de volta para algo que me antecede. A casa de banho é dividida em seções masculina e feminina; todo mundo tem um milhão de anos de idade, vindos diretamente da época de George Washington. Imagino que seja como uma clínica sueca — há algo profundamente medicinal lá; viemos para obter a cura.

Mergulhar nas águas antigas e sagradas me deixa limpa. Deitar em cima de uma mesa de pedra enquanto uma idosa amassa minha pele é apropriado ao momento que estou vivendo. É a fuga perfeita.

Fazemos nossos tratamentos e depois vamos ao velho hotel para comer sanduíches e voltamos para casa.

No telefone, Norman diz que tem algo para mim, algo que quer me dar; primeiro diz que vai me mandar, depois diz que vai esperar para me entregar pessoalmente. Fico achando que é algum objeto de família, algo dele, de sua mãe, algo que cruzou o oceano no *Arc* ou no *Dove*, algo que os nazistas trouxeram de volta, algo que seu pai deu à sua mãe, algo que ele queria dar para Ellen. Seja o que for, Norman nunca me dá a tal coisa, ele nunca mais toca no assunto.

Nos meses seguintes, nos encontramos diversas vezes. Nos encontramos em hotéis. Nos encontramos em Holiday Inns, Marriotts, Comfort Inns, Renaissance Quarters, em espaços estranhos que estão entre espaços, o lá que nunca está lá.

Nos encontramos no saguão, nos cumprimentamos desajeitadamente com um beijo e, em seguida, vamos para o átrio de vidro ou para o pátio interno ou para o café, olhando para cima para as portas numeradas, os carrinhos de limpeza fazendo suas rondas. Deixamos o ar livre e mergulhamos em um ambiente com temperatura controlada, onde as plantas em vasos são regadas automaticamente, onde elas são trocadas a cada estação como colheitas, onde tudo está suspenso no tempo — hermeticamente lacrado.

Desde o comentário de Norman sobre minha roupa, me preocupo com meus trajes, com minha aparência. Sinto que estou sempre sendo avaliada. Desejo sua aprovação. Há algo nele que me agrada — o fato de ele ser grandalhão. Ele é grandioso, maior do que a vida. Às vezes, isso me apavora; às vezes, isso me puxa para um outro mundo, um mundo de homens.

Há algo sórdido em tudo isso, encontros no meio da tarde em hotéis de beira de estrada. Será que ele pensa que esses lugares são seguros e que ninguém nos verá? Será que tem alguma outra intenção? Nunca está claro para mim por que nos encontramos nesses lugares.

— Você não sabe o que olhar para você provoca em mim — diz ele.

Ele não quer dizer "a semelhança é surpreendente" ou "estou muito orgulhoso do que você fez com sua vida".

"Você não sabe o que olhar para você provoca em mim." Ele diz isso de uma forma estranha. Ele está olhando para mim e vendo outra pessoa.

Ele nunca faz coisa alguma para levar isso adiante, mas estou sempre achando que uma hora fará. Imagino-o dizendo: "Aluguei um quarto, quero ver você nua." Imagino-me tirando a roupa como parte de um procedimento para provar quem sou, parte da degradação.

Imagino-o me fodendo.

Imagino que sou Ellen e Norman fodendo-a 31 anos atrás.

Imagino algo profundamente triste.

É o conjunto das idéias mais estranhas possíveis e sinto que ele também as tem.

Já li sobre isso, é comum que as experiências primais de pais e filhos "morfem" — a intensidade, a intimidade das sensações é muitas vezes expressa nos adultos como atração sexual. Por mais que essa atração possa ser comum, quase esperada, é óbvio que ela não pode ser explorada.

Norman não faz qualquer menção ao teste de DNA — os resultados podem demorar de oito a doze semanas para ficarem prontos. Ele não faz menção de contar a seus outros filhos sobre mim. Em vez disso, ele me conta que gosta muito dos netos. Ele me conta o quanto era apegado à avó. E, mais uma vez, ele me conta como o técnico sempre costumava lhe dizer para se manter no jogo — nunca desistir.

Ele me pergunta se tenho falado com ela.

— Tenho — respondo. — E você?

Ele faz que sim com a cabeça.

— Ela quer me visitar — conto-lhe. — Ela manda cartas com fantasias de ir ao zoológico do Central Park, caminhar pela praia, sair para jantar. Ela não tem a mínima idéia de como isso é estranho para mim. E ela está determinada... Poderia assumir minha vida, poderia me engolir inteira.

Ele sorri.

— Ela é uma mulher obstinada.

— Ela quer saber quando nós três podemos jantar juntos.

Ele não diz nada.

— Talvez vocês possam jantar juntos algum dia.

Norman enrubesce.

— Acho que não.

Ele sacode a cabeça como se dissesse "você sabe o que aconteceria". Se Norman a visse novamente, eles reatariam. Ele ainda tem medo do poder que ela exerce sobre ele. Tenho a sensação de que ele se prometeu ou, ainda, que prometeu a sua mulher que não veria Ellen de novo. Muita coisa aconteceu que eu jamais saberei.

Ele se mexe na cadeira. Está sempre desconfortável.

— Velhas feridas — diz ele — da guerra, do futebol. Não consigo ficar sentado quieto durante muito tempo.

Pausa.

— Minha mulher tem ciúmes de você — diz ele.

Nas raras ocasiões em que ligo para Norman e sua mulher atende, ela nunca demonstra saber quem eu sou, nunca pergunta como estou, nunca diz algo além de "um momento" e depois sai à procura dele.

Há vezes em que me sinto tentada a dizer algo, algo simples, como "como vai você?" ou "desculpe pelo incômodo", mas então lembro que não é minha responsabilidade. Não posso fazer tudo.

— Um momento.

Ellen pensa que sou sua mãe, Norman pensa que sou Ellen e eu sinto que a mulher de Norman pensa que sou a amante reencarnada.

Em setembro de 1993, estou no setor de emergência de um hospital em um subúrbio de Maryland com minha avó, que caiu e quebrou o fêmur. Estou verificando meus recados enquanto espero o radiologista examinar os raios X. Norman deixou um recado.

Quando chego de volta à casa de meus pais, é tarde. Ligo de volta. Norman atende ao telefone.

— Como vai? — pergunta ele.

Conto-lhe sobre minha avó.

— Tenho uma informação para lhe dar — diz ele.

Não digo nada. Não estou com ânimo para jogos.

— O resultado do teste — prossegue ele.

— Você quer me dizer alguma coisa? — pergunto.

— Acha que podemos nos encontrar no hotel?

— Que hotel?

— Aquele em Rockville.

— Claro — respondo. — Mas por que você não me diz logo qual foi o resultado?

— Está tudo bem — diz ele.

— O que isso quer dizer?

— Está tudo bem. Conversamos quando nos encontrarmos. Amanhã às quatro?

Não está tudo bem. Minha paciência está se esgotando. Tudo isso é um jogo, um jogo que Ellen e Norman estão jogando e no qual sou o objeto no meio, a coisa a ser jogada de um lado para o outro. Ele está piorando as coisas, acrescentando uma noite de suspense, me deixando acordada até tarde, pensando. Mais do que pensar sobre se ele é ou não meu pai, me pergunto por que continuo a manter contato. Nunca saberei a história inteira. Há uma enorme quantidade de coisas que ninguém me diz.

Encontro-o no hotel. Estamos em um bar cheio de vegetação, em um átrio envidraçado — a cena é como um filme de ficção científica, um bioambiente futurista, a sala de jantar de um laboratório espacial.

— Trouxe os resultados do teste de DNA — diz ele.

— Eu sei.

A garçonete chega para pegar os pedidos. Não quero nada.

— Nada para mim — digo.

— Nem mesmo um chá? — pergunta Norman.

— Nem mesmo um chá — respondo.

— Água? — pergunta a garçonete.

— Não.

Norman espera a chegada de seu refrigerante antes de dizer qualquer coisa.

— O teste diz que há 99,9% de probabilidade de que eu seja seu pai. — Pausa. — Então, quais são as minhas responsabilidades?

"Não sou uma fatia de bolo."

— Então, quais são minhas responsabilidades?

Não digo nada.

Norman não menciona seus filhos ou como vai me acolher em sua família, ou se vai me dar o grande presente atrás da porta de número três. Ele toma um gole de sua bebida e olha para mim.

— Agora que sou seu pai, acho que tenho o direito de perguntar... Você está saindo com alguém?

— Não.

Não sei ao certo se estou respondendo à pergunta ou me recusando a dar uma resposta.

— Você já contou aos seus filhos? — pergunto.

— Não, ainda não — responde ele.

Fico imaginando se ele marca encontros com os filhos para tomar chá em hotéis baratos.

Partimos sem nos despedir, sem um plano para o que vier depois.

* * *

Em outubro, estou em Washington para fazer uma sessão de leitura. Norman descobre e deixa um recado.

— Que coisa! — diz ele. — Você está na cidade? Gostaria de se encontrar comigo?

Ligo de volta para ele.

— Um momento — diz sua mulher.

— Quem diria — diz Norman ao atender ao telefone. — Você e minha filha no mesmo jornal no mesmo dia.

Não faço a menor idéia sobre o que ele está falando.

— No *Gazette* há fotografias suas e da minha filha. Não é curioso? — Ele soa estranhamente orgulhoso, dois de seus filhos nas páginas do jornal local.

— Você e minha filha...

Sou o fantasma, aquele que não existe. Quando olho no espelho, será que consigo ver meu reflexo?

— Você já pensou em como vai contar a eles? — pergunto.

— Não — responde ele. — Ainda estou tendo dificuldades com isso. — Ele faz isso soar como algo que estivesse tentando consertar em si mesmo, uma peça de carro que requer conserto. Tenho a sensação de que sua mulher o impede.

Ele muda de assunto, dividindo suas famílias. Ele pergunta se falei com Ellen.

— Ela está ameaçando se mudar para Nova York.

— É, ela falou alguma coisa a respeito disso comigo... Ela tem ido muito para lá ultimamente. Acho que estava indo fazer uma entrevista há poucos dias.

Os pêlos se eriçam em minha nuca — de repente, fico gelada. Ellen não mencionou que tem ido a Nova York. O fato de ela ir à cidade e não me contar é mais assustador do que se eu soubesse. Será que ela fica rondando meu edifício para me vigiar? Será que está me vigiando à distância?

Se Ellen se mudar para Nova York, eu vou embora de lá. Não posso morar no mesmo lugar que ela.

— Você gostaria de me encontrar no hotel?

— Não. Vou voltar cedo de manhã.

Norman dá gargalhadas.

— Não consigo parar de pensar nisso — diz ele. — Você e sua irmã no mesmo jornal, o que você acha?

Estou pensando na mudança de Ellen para Nova York, pensando na outra filha dele, no mesmo jornal. Washington não é mais segura. Nova York não é segura. Nenhum lugar pode ser um lar. Pego o carro da minha mãe e saio dirigindo. Chove muito. Dirijo, lançando-me no espaço, como se eu estivesse dirigindo em direção a algo, como se fosse uma emergência. Quero ver a irmã, quero saber do que ele se orgulha tanto. É hora do rush, as ruas estão alagadas. No rádio, o homem do tempo está dizendo: "Estamos no meio de uma chuva torrencial. Há blecautes, alertas de inundações repentinas."

O jornal é local, profundamente local. Só é possível comprá-lo muito perto da área em que Norman vive — que por sua vez fica perto do lugar onde farei minha leitura. Parece uma cena de filme. Estou obcecada, nada pode me deter. Passo por carros enguiçados — policiais orientam o tráfego com sinais luminosos. Distraída. Vou conhecer minha irmã — bem, não conhecê-la, mas pelo menos vê-la.

Quando chego ao shopping center próximo à casa de Norman, estaciono o carro e corro para dentro de uma lojinha de cartões comemorativos. Pego uma pilha de jornais e corro de volta para o carro.

Os jornais estão molhados, as folhas grudam umas nas outras, rasgam-se quando puxo, a chuva mancha as páginas, as laterais borram e embaçam. Encontro minha fotografia — é uma fotografia de divulgação do livro, de uma formalidade estranha e incongruente com o que está acontecendo agora. Estou lá olhando para fora, ignorando o que está acontecendo agora. Varro a página com os olhos. "Vista-se como uma boneca". O artigo descreve um desfile de moda infantil com tema de Barbie no McDonald's. Há uma fotografia da neta de Norman vestida como uma Barbie. É quase impossível enxergar a filha de Norman, minha irmã. Ela está sentada em uma cadeira, inclinada para a frente, usando um chapéu grande que esconde a maior parte de seu rosto. Ela veste calças brancas com um tipo de tecido cheio de bolinhas ao redor da cintura, um cinto-echarpe. Será que está vestida de forma apropriada para almoçar num lugar legal? Será que ela tem jóias?

Olho para a fotografia com cuidado — vejo sua coxa gorda, sua barriga, seus pés, sua mão estendida; e são minha coxa, minha barriga, meus pés, minhas mãos.

Há algo profundamente irônico e patético em tudo isso. Estou fitando uma folha de jornal úmida, tentando ver como é minha irmã, que por sua vez nem sequer sabe que tem uma irmã. Há um sentimento incrível de desapontamento. Ela está no McDonald's com a filha vestida como a boneca Barbie e só consigo pensar em um conto que escrevi, "Uma boneca de verdade", sobre um menino que namora uma boneca Barbie. Eu estou sendo irônica; ela está levando a sério. E, para completar, Norman acha que essa fotografia de sua filha levando os filhos para um desfile de moda no McDonald's é tão importante quanto um artigo sobre mim fazendo uma leitura de meu terceiro livro. Sua filha foi a uma escola de dondocas, teve baile de debutante e agora trabalha com "decoração de interiores". Ela tem coxas gordas, barriga e patas em vez de mãos, mas tenho certeza de que ela se veste de forma apropriada para almoçar. É tudo tão deprimente.

Encharcada, volto para a casa de meus pais. Tenho dez minutos para me aprontar para a leitura.

Vou sozinha. Desde a noite em que Ellen apareceu sem avisar na livraria, tenho medo do que possa acontecer. Meus pais desejam ir, mas eu os desencorajo. Estou protegendo-os, assim como a mim mesma. A biblioteca onde farei a leitura fica no caminho da casa de Norman e no final da rua do tio George. Não faço a menor idéia se Ellen contou a seu irmão sobre mim ou mesmo se eles se falam. Nunca sei quem sabe o quê.

Bibliotecas são sagradas, espaços preservados onde se espera que as pessoas se comportem bem; são lugares confiáveis para as pessoas que amam livros.

Estou estranhamente pouco à vontade. Desde o momento em que chego, tenho a sensação de que eles estão lá — exatamente quem, não tenho certeza, mas sinto que estou sendo observada, avaliada. Há a sensação estranha de que algo mais está acontecendo — há pessoas aqui que não vieram para me ouvir ler. Ninguém se aproxima de mim, ninguém se identifica ou se apresenta de alguma forma. É incrivelmente lúgubre.

O bibliotecário me apresenta e me levanto para ler. As luzes do palco são fortes. Não consigo enxergar a platéia ao longe para memorizar cada rosto. Queria ter seguranças em cada lado do palco, me protegendo, observando a multidão, identificando os rostos, falando em seus microfones de lapela.

Leio parte de um trabalho ainda em andamento. A multidão acompanha atenta. Há senhoras de clubes de leitura, amigos do ensino fundamental, fãs com primeiras edições, freqüentadores habituais daquela biblioteca; mas há algo mais, algum campo de força inominável. Estou exposta, sinto-me sendo observada, examinada, mas sou obrigada a prosseguir com a leitura, a fingir que não sei que isso está acontecendo. Será que eles pensam que não sei que estão lá, que me esqueci deles, que são invisíveis, anônimos, ocultos?

Queria poder virar as luzes na direção contrária, voltá-las para a platéia. Tenho minhas próprias perguntas a fazer. Estou tentada a dar uma de Lenny Bruce, parar o espetáculo e me dirigir aos convidados misteriosos, implorando que se revelem — ei, seus espiões de outro planeta, é outubro, o mínimo que vocês podiam fazer é vestir uma fantasia de Halloween, talvez se vestir de esqueleto ou algo parecido! Mas ia parecer que eu havia enlouquecido.

Ao final da leitura, o bibliotecário pergunta se estou disposta a responder a perguntas da platéia.

Com muito prazer.

Mãos se levantam.

Eu costumava acreditar que toda pergunta merecia uma resposta; eu costumava me sentir obrigada a responder a tudo de uma forma tão completa e honesta quanto possível. Não acredito mais.

— De onde vêm suas idéias? — pergunta alguém.

— De vocês — respondo.

A platéia ri. Olho para a mulher que fez a pergunta; ela parece suficientemente inocente. Continuo:

— Obtenho minhas idéias ao olhar o mundo em que vivo, ao ler o jornal, ao assistir ao noticiário. Pode parecer que o que escrevo é muitas vezes extremo, mas na verdade acontece todos os dias.

Há perguntas formuladas como desafios, testes. Tenho a sensação de que, dependendo de minha resposta, eles poderiam dizer: "Você está mentindo, eu sei esse e outros fatos sobre você."

Aponto para uma mão levantada.

— Sua escrita é autobiográfica?

Sinto os observadores prestarem mais atenção.

— Não — respondo. — Ainda não escrevi algo que seja de fato autobiográfico.

Estão zombando de mim.

— Você foi adotada?

— Fui e está quase na hora de ser adotada novamente; portanto, se houver algum interessado, por favor avisem ao bibliotecário no fundo da sala.

Mais risos.

— Você sabe quem são seus pais? Você fez uma busca?

— Estou sempre procurando — respondo. — Mas não, não procurei nesse sentido.

Dezoito de dezembro de 1993. Meu aniversário, o pára-raios, o eixo ao redor do qual eu giro. Preparo-me para ele com trepidação — uma anticelebração.

Como pode uma pessoa sem história ter aniversário? Você tem certeza de que é meu aniversário? Você tem certeza da minha idade? Como você sabe? Que prova você tem?

Nasci em 1961. Minha certidão de nascimento foi emitida em 1963. Isso é normal? Houve um atraso porque eu não pertencia a ninguém, pairava no limbo esperando me tornar alguém?

Durante esses dois anos perdidos eu tive outro nome?

Para aumentar a confusão, meu aniversário é no meio da temporada de festas; ele inclui não apenas todos os elementos do nascimento, mas também a batalha incessante e antiga entre cristãos e judeus, que estranhamente acaba figurando entre as batalhas de minhas origens biológicas.

Dezembro, a estação da alegria, é a estação das minhas tristezas secretas.

A cada ano, não consigo deixar de pensar na mulher que abriu mão de mim. Sinto saudades de alguém que nunca conheci, percebo-me imaginando se ela sente a minha falta. Será que ela compra as mesmas coisas que eu compro? Meu pai sabe que eu existo? Tenho irmãos? Alguém sabe quem eu sou? Passo semanas em sofrimento.

Nesse momento, seria necessário nada menos do que um festival nacional com um mês de duração, um desfile público celebrando minha existência, para me assegurar de que minha presença neste planeta é bem-vinda. E mesmo assim não tenho certeza de que eu acreditaria nisso, não tenho certeza de que não acharia que fosse uma tentativa de me alegrar, de temporariamente me atrair para fora de um buraco negro.

E este ano é algo totalmente diferente, mais horrível, como voltar à estaca zero e começar tudo de novo, um novo aniversário com uma criança velha, a primeira com quatro pais em vez de dois, uma divisão esquizóide do zigoto maior do que a pretendida pelos deuses.

Todos estão em cima de mim, querendo algo.

Meus pais, que em geral não comemoram, tentam planejar uma viagem para Nova York. Rapidamente eu os desestimulo.

E Ellen me liga toda noite, suplicando que eu lhe permita vir me encontrar, sentindo que, de alguma forma, este também é o aniversário dela.

— É seu aniversário — diz ela. — Por favor, por favor.

E começa a chorar; depois ouço o barulho do isqueiro e ela diz:

— Você pode esperar um minutinho enquanto pego um copo d'água?

Ellen escreve uma carta dizendo que o mês de dezembro atormentou-a por 31 anos, que o acha excruciante, deprimente e assim por diante. E, embora seja bom saber que nunca fui esquecida, é mais estranho ainda saber que nunca sou conhecida.

Norman liga perguntando se "tenho algum plano importante". Diz que vai me enviar algo, que trocou idéias com Ellen sobre o que seria um bom presente e que vai colocá-lo no correio — segurado, serviço expresso noturno para garantir que chegue a tempo.

Passo o dia oficial de meu aniversário escondida. Desligo o telefone, não atendo à campainha.

Mais tarde, desço e vejo que as pessoas me deixaram flores e presentes, da mesma forma que estranhos fazem na cena de acidentes trágicos. Meus amigos criaram um verdadeiro altar para a aniversariante: um buquê de flores para me alegrar, um cartão desejando melhoras, e assim por diante.

Norman enviou um pequeno relicário em formato de coração, do tipo que abre e tem lugar para duas fotografias em seu interior, do tipo que se dá a uma garotinha. É um presente tão estranho para uma mulher de 32 anos. Será que é uma jóia? Parece mais uma bijuteria, ou o primeiro sutiã. (De presente de Natal, ele me enviaria um suéter de caxemira fino — o qual me faria pensar: será que esse é o tipo de "suéter de caxemira" a que Ellen estava se referindo?)

Ellen envia um cartão de aniversário apropriado para uma criança — em formato de ursinho e assinado: "Com amor, Mamãe Ellen." Ela envia um cartão infantil, uma camisola de seda preta como a que a sra. Robinson usaria e uma caixa de doces caseiros de sua loja de doces favorita em Atlantic City. O chocolate é grosso, pesado, enrolado e recheado — dá a impressão de que poderia enlouquecer alguém. Não consigo ficar com as coisas que ela me envia; também não consigo jogá-las fora. Dou os chocolates. Naquela noite, faço cada um dos meus amigos comer um pedaço, como hóstias comunitárias, pedaços de mãe. "Aqui", digo eu, empurrando a caixa, me recusando a experimentar nem um sequer. "Pega um." E fico olhando para ver como desce.

Véspera de Natal — passou-se um ano desde que tudo começou. Estou viajando de trem para Washington — está lotado, o espírito é festivo, os compartimentos de bagagem estão repletos de pacotes de presentes enfeitados. Estou levando presentes, muito embora minha mãe tenha me dito que não celebramos o Natal. O fato é que também não celebramos o Hanuca.

Lidamos com os feriados fingindo que não estão acontecendo, ignorando-os. Seguramos a respiração — vai passar.

Uma nuvem invisível paira por sobre a casa, um deprimente desenho em carvão vegetal cinza, como o cenário de uma peça de Eugene O'Neill.

Uma parte de mim acha que não é difícil ter uma data festiva decente; é só escolher a data que prefere e celebrá-la. A cada ano fiquei mais determinada a fazer isso por mim mesma, fazer minha própria data festiva.

No inverno em que fiz nove anos, eu estava obcecada por ter uma árvore de Natal. Não fazia sentido para mim que, no quarteirão inteiro, toda casa tivesse uma árvore, exceto a nossa.

— Somos judeus — disse minha mãe. — Judeus não têm árvores de Natal.

— Nem sempre fomos judeus, fomos? — Até então sempre havíamos celebrado o Natal; um Natal sem árvore, mas de qualquer forma um Natal. Lembro-me de deixar um prato de doces para o Papai Noel, de acordar no dia seguinte para encontrá-lo vazio, seu conteúdo substituído por uma meia longa vermelha pendurada na chaminé, uma laranja estufando a ponta dos dedos do pé, nozes e castanhas transbordando da meia, presentes na lareira. Não era imaginação minha. Até então, éramos iguais a todos os outros, e depois, de repente, éramos diferentes.

— Eu estava enganada — disse minha mãe. — O erro foi meu. Judeus não celebram Natal; temos o Hanuca, o Festival das Luzes.

— Mas os Solomons, nossos vizinhos, também são judeus e eles têm uma árvore.

— Isso é problema deles — disse ela.

Não que fôssemos especialmente religiosos. No Yom Kippur, o mais sagrado dos dias sagrados, o Dia do Perdão, um dia de jejum, pausávamos apenas por um breve momento para que Deus nos incluísse e depois tomávamos um café da manhã atrasado. Mas agora, sem aviso, o Natal tinha mudado de nome para Hanuca. Chegou mais cedo e durou oito dias, como uma praga.

Nos reuníamos ao redor da menorá e acendíamos as velas — ninguém sabia a prece; em vez disso, agradecíamos. E muito obrigado. Aceitam devoluções?

Após a quarta noite, meu irmão não quis participar. "Já agüentei demais", disse ele, recusando-se a sair de seu quarto.

Da janela do meu quarto, eu conseguia ver a árvore dos vizinhos piscando com decorações de vidro, minúsculas luzes brancas, bolas coloridas e brilhantes.

No dia seguinte ao Natal, minha mãe me levou à biblioteca. Perto da biblioteca havia um terreno onde eram vendidas árvores de Natal. Fui até lá sorrateiramente e falei com o cara. Tive de fazer um enorme esforço para convencê-lo — um dia após o Natal — a ter pena de uma menina de nove anos que vivia em uma casa sem árvore de Natal, mas ele acabou me dando uma muito pequena. Arrastei-a até o carro, enfiei-a na mala e encontrei minha mãe de novo na biblioteca. Eu estava empolgadíssima por causa de meu feito engenhoso, fora de mim de tanta alegria. De volta à minha casa, saí e estava arrastando a árvore do carro para dentro quando minha mãe começou a gritar:

— O que você está fazendo? Você não pode trazer isso aqui para dentro. É uma árvore.

— Por que não, por que não? É apenas uma árvore.

— Não na sala de estar, você não vai colocar isso na sala de estar.

— Por que não podemos ser como todo mundo?

— Porque somos judeus — respondeu minha mãe.

E a árvore foi para o meu quarto. Não sabia nada sobre árvores, sobre como sustentar árvores; coloquei-a em uma lata de café vazia. A árvore pendeu para um lado. Escorei-a na parede. Era uma árvore patética, esquelética, uma árvore que ninguém queria. Mas era a minha árvore, minha árvore Charlie Brown. Eu adorava minha árvore; reguei-a, enfeitei-a com correntes feitas de papel e pipoca presos em uma linha. Apesar de meus cuidados, a árvore morreu; foi passando de verde a marrom e ficou frágil. Quando arrastei a árvore para fora de casa, suas folhas, antes macias e flexíveis, agora eram duras feito espinhos, caíam para todos os lados. Arrastei a árvore para fora da casa, atravessei o pátio nos fundos e arremessei-a morro abaixo. Em casa, minha mãe já tinha pegado o aspirador de pó e passava a escova aspiradora para cima e para baixo do corredor.

E agora, de novo, é Natal. Ao acordar na cama de solteira de minha infância, não pulo e corro para a sala de estar para ver o que Papai Noel trouxe para mim. Fico deitada, pensando. É apenas um dia, não há razão para hoje ser tão horrível, tão diferente de qualquer outro dia. Respiro fundo e digo a mim mesma que eu o tornarei um dia bom.

O telefone toca. Ouço minha mãe na cozinha atendendo. Ela me chama.

— Como vai? Só queria desejar a você um Natal maravilhoso. O que você vai fazer hoje? — pergunta Norman.

— Nada — respondo.

Acho que ele não acredita em mim.

— Estou acabando de me arrumar para ir à missa com a família. Estou saindo, mas queria dizer oi. Ho, ho, ho.

Pausa.

— Você tem falado com a Dona Encrenca?

— Ela está em Atlantic City com amigos; eles vão a um show em um dos cassinos, Wayne Newton ou algo parecido.

— Que coisa! — diz ele.

— Não é? — respondo.

— Escuta, não sei por quanto tempo você vai ficar por aqui... Não vou conseguir encontrar você hoje, mas pode ser mais tarde nesta semana. Se você ainda estiver por aqui, podemos nos encontrar.

— Não tenho certeza — digo isso pensando que a qualquer momento vou entrar em combustão espontânea e deixar um monte de cinzas fumegantes no chão para minha mãe limpar com seu aspirador de pó.

— Bem, escuta, tenha um ótimo dia e nos vemos em breve.

— Está bem, você também. Feliz Natal. — Desligo. Norman, o bom cristão, vai para a igreja, deixando sua "outra" filha presa como uma Cinderela na casa sem festas.

Entro na cozinha.

— Você está bem? — pergunta minha mãe.

— Estou — respondo, batendo a porta da geladeira. — Estou perfeitamente bem.

— Você quer um pãozinho?

Estou imaginando peru assado, presunto, um jantar luxuoso — muita torta.

— Que gosto tem o presunto?

— É bom — diz minha mãe.

— Por que nunca temos presunto?

— Seu pai não gosta muito de carne... Ele se considera vegetariano.

Apesar de pensar que eu tornaria esse dia melhor, entrego os pontos. Norman vai à igreja com sua família e, depois, vai comer uma ceia de Natal, e eles têm uma porra de uma árvore de Natal. Sei disso porque, bem tarde na noite anterior, passei em frente à casa deles de carro e vi o estacionamento cheio de carros, uma guirlanda na porta, milhares de luzes dentro.

À tarde, minha mãe faz o equivalente a uma limpeza de primavera no inverno — ela está em cima da escada dentro do *closet.*

— Alguma dessas coisas têm significado para você? — Ela me mostra frigideiras velhas, potes de biscoitos, pratos lascados.

— Não. Estou pensando em ir ao cinema — digo.

— Você acha que vai conseguir entrar? — pergunta minha mãe.

Meu pai está na sala lendo.

— O que você está pensando em ver?

— *A lista de Schindler.*

— Li uma crítica negativa — diz meu pai.

— Tchau. Divirta-se — diz minha mãe.

— Não é para ser divertido. É por isso que vou assistir.

* * *

Cresci convencida de que todas as famílias eram melhores do que a minha. Cresci vendo as outras famílias com reverência, quase incapaz de suportar os sentimentos, o prazer quase pornográfico de testemunhar tais intimidades pequenas. Eu pairava nas beiradas, sabendo que, por mais que eles me incluíssem — convites para jantar e viagens de família —, eu nunca era oficial, era sempre a "amiga", a primeira a ficar para trás.

O cinema está lotado de famílias, com casais, jovens e velhos. Encontro um lugar vago no meio de uma fileira — todo mundo levanta para me deixar passar. Estou sentada no cinema sozinha, muito consciente de que não quero passar o resto da vida sozinha, apavorada com o fato de nunca ser capaz de constituir uma vida, de que sou fraturada demais para me conectar a outra pessoa.

O filme, derivado do romance escrito por Thomas Keneally, é baseado na história real de Oskar Schindler, um executivo alemão, nazista e mulherengo, que acabou mudando completamente e salvou a vida de 1.100 judeus. Vejo o filme pensando em Norman, Norman como Schindler — alemão, católico, carismático, charmoso, lutando pelo certo contra o errado. Vejo Goeth, o comandante do campo de concentração, que mata judeus para treinar sua mira, pensando na aleatoriedade, na imprevisibilidade da história. Até aqueles que parecem decentes ou talvez mesmo heróicos não o são; em vez disso, são humanos, profundamente defeituosos. Trata-se da degradação da alma, lutando para manter algum sentido de identidade em meio a tanta perda, lutando para se manter em um campo de concentração, para permanecer humano, vivo, mesmo na morte. É cristão contra judeu, a divisão de famílias, estranhamente relevante.

Se Norman fosse de fato um grande sujeito, o bom cristão que finge ser, assumiria a responsabilidade. Diria a seus filhos que houve uma brecha em seu casamento, mas que algo bom tinha resultado disso — eu.

Ao meu redor, as pessoas choram enquanto estou achando o filme estimulante — é apropriado aos meus sentimentos.

Volto para casa dirigindo. As luzes estão acesas; estou na frente da casa, a única casa em que vivemos, com a minha família. Entro na garagem. Estou muito zangada, muito triste, odiando todo mundo por quem são e por tudo que não são. É uma elevação da emoção, à medida que tudo que não consigo articular gira dentro de mim. Acelero o motor. Imagino-me arremessando o carro de encontro à casa, derrubando tudo, desesperada para superar o que está me bloqueando. Estou acelerando o motor, desejando tirar o pé do freio; o carro quer disparar embaixo do meu pé. O carro, uma máquina sem cérebro, deseja ir adiante, jogar-se cegamente através do muro e para dentro da cozinha. Imagino os armários se abrindo, pratos se quebrando, o motor perfurando o fundo da geladeira, um farol dianteiro atravessando a porta do fogão. Espero que o cachorro não esteja na cozinha, que ninguém tenha entrado para fazer um lanche. Piso no acelerador, determinada a fazê-lo e, em seguida, penso na minha mãe e nos pratos da minha mãe, no quanto ela ama seus pratos, no quanto amo minha mãe, em como eu não desejo quebrar os pratos e em como não seria o mesmo se eu entrasse na casa e esvaziasse as prateleiras e então voltasse de novo e entrasse quebrando tudo.

Paro do lado de fora da casa e não quero entrar. Não há lar, não há alívio, nenhum sentimento de ter simplesmente sobrevivido.

O Natal está quase terminando. Não quero que essa seja a história mais deprimente já contada. Desligo o motor. Espero.

Em janeiro de 1994, logo após o Ano-Novo, Ellen liga e pergunta:

— Quando vamos nos encontrar?

Eu digo:

— Sábado.

Ela está chocada. Eu também. Não tenho certeza por que digo sábado, mas de alguma forma parece inevitável. Quanto tempo mais isso pode continuar? "Quando vamos nos encontrar? Por que você não quer se encontrar comigo?" Precisamos nos encontrar de uma forma negociada, e não em um ataque camicase como no episódio da livraria. Não existe uma hora boa, uma hora certa. Sinto-me repelida, mas também estou curiosa.

Digo sábado e imediatamente me arrependo.

Ela fica alvoroçada demais.

— Onde vamos nos encontrar? O que vamos fazer?

Ellen imagina o encontro como uma excursão de um dia em Nova York cheio de diversão — carruagens, sorvetes, ida a um show (com isso ela quer dizer um musical).

Estou pensando em uma hora, talvez duas. Estou pensando que um pouco valerá por muito.

— Vamos nos encontrar no Plaza — diz ela. — No Oyster Bar.

O Plaza é uma parte da fantasia — lar de Eloise, chá das quatro, uma atração turística. Na última vez que estive lá, Zsa Zsa Gabor estava na recepção tentando convencer o homem da loja de doces a lhe dar chocolates de graça.

— Você vai deixar ela te beijar? — pergunta uma amiga minha.

— Acho que não — respondo e então me sinto mal. — Se ela quiser beijar minha mão, pode.

Todos os livros sobre adoção e reencontros aconselham a pessoa a combinar com alguém um encontro após a reunião e realizar uma espécie de sessão de desprogramação, para juntar os cacos. Chamo uma amiga, uma mulher com filhos e netos próprios, e combino com ela de nos encontrarmos no Oak Bar às 18h. Digo-lhe que, se eu não estiver lá, ela deve entrar no Oyster

Bar e me tirar de lá. Isso é para o caso de a mãe tentar me deter de alguma forma, me enfeitiçar, no caso de eu perder minha vontade própria e ter de ser arrancada das garras de minha mãe.

— Posso conhecer sua mãe? — pergunta a amiga.

— Claro, eu acho — respondo. Parece estranho que a amiga esteja mais entusiasmada, mais interessada em encontrar minha mãe do que eu. Parece estranho, mas, nessa hora, tudo parece estranho.

— Não — diz ela. — Acho que não seria bom. Você vai me contar sobre ela. E talvez tirar uma fotografia.

Gostaria de ir como eu mesma, não como meu melhor eu ou a média de mim, mas minha pior parte. Por fim, me visto bem. Estou mais uma vez compelida a tentar causar a melhor impressão. Em alguma fantasia minha, quero que ela veja como me saí bem, desejo que sinta orgulho de mim.

No corredor do lado de fora do Oyster Bar, Ellen está vestindo um casaco de pele branco e fofo, uma blusa de seda estampada e calças, seu cabelo preso em um coque sobre outro, bem em cima da cabeça. Ela parece alguém de outra década — uma mulher que acredita no glamour, que ouve Burt Bacharach e Dinah Shore para levantar o ânimo. Suspeito que essa seja a forma como ela se vestia quando costumava se encontrar com meu pai — provavelmente também em hotéis —, mas agora ela está com 55 anos e muito foi perdido para o tempo.

— É você? — pergunta ela, sem fôlego.

— Não acredito — continua ela, sua voz escalando para além de atordoada, em um tipo (à beira) de uma mania rouca. — Não posso acreditar no que estou vendo.

Ela pega minha mão e a beija.

Antes que qualquer outra coisa aconteça, quero correr para um telefone público e ligar para minha amiga. "Lembra quando você me perguntou se eu a beijaria... Bem, ela beijou minha mão. Será que ela ouviu nossa conversa? Será que meu telefone está grampeado? Seria essa a diferença entre como se nasce e aquilo em que nos transformamos, hardware *versus* software, natureza *versus* criação?"

Ela beija minha mão e quero correr.

Sigo-a para dentro do restaurante. Ela pede um Harveys Bristol Cream, eu peço Coca-Cola. Nunca vi alguém tomar um Harveys Bristol Cream. Lembro-me dessa bebida apenas de anúncios, casais elegantes em frente à lareira, bebendo Harveys.

De repente, fico na defensiva; sob seu olhar, sinto que não estou atendendo às expectativas. Ela está sentada lá com seu velho casaco de coelho e eu estou do outro lado com as minhas melhores roupas. Ela nunca terminou o ensino médio, enquanto eu tenho vários mestrados. Ela é aquela que, por meses, me implorou para encontrá-la, e eu sou aquela que a evitava. Digo a mim mesma que não se trata de superfícies. Digo a mim mesma que tudo acabará bem.

— Vou comer lagosta — diz ela.

— E você? — pergunta o garçom.

— Nada, não quero nada.

Não quero nada, não sou nada. Nada me agrada.

— Peça lagosta — diz ela.

Sou alérgica a lagosta.

— Nada para mim — digo ao garçom.

Ela fala de Atlantic City. Ela conta que largou o emprego — não sei se isso significa que pediu demissão ou foi demitida — e vai abrir um salão de beleza com um casal de "operadores maravilhosos". Ela fala, sobre nada, sobre tudo, sem a consciência de que a pessoa sentada do outro lado da mesa é sua única filha e também uma completa estranha.

Sua lagosta chega, ela puxa a carne das garras, mergulha num pote prateado de manteiga e enfia na boca. Leva as garras aos olhos, olhando para ver se tem mais carne. Nada é suficiente. Olho, pensando em como ela consegue comer. Quase não consigo respirar.

— Seu pai mandou algum presente de aniversário para você? Ele ia mandar alguma coisa muito boa.

Não consigo deixar de lembrar do relicário banhado a ouro, apropriado para uma menina de oito anos de idade. O presente, aparentemente, foi idéia dela — eles discutiram isso antes.

Sou uma mulher de 32 anos sentada em frente à minha mãe e ela é cega. Invisibilidade é o que vivo temendo. Implodo, dobrando como um origami. Tento falar, mas não tenho palavras. Minha resposta é primitiva, anterior à linguagem, antes da cognição — a memória do corpo.

Após terminar a lagosta, ela remove o babador de plástico e pede outra bebida.

— Tenho que ir embora logo — digo.

Ela saca um maço de cigarros e retira uma cigarrilha longa e fina.

Olho para o relógio.

— Você vai me perdoar um dia?

— Pelo quê?

— Ter dado você.

— Eu perdôo você. Você fez a coisa certa. — Digo isso com uma sinceridade que nunca senti antes. — De verdade.

Levanto.

— Tenho que ir — digo. Fujo, deixando a mulher de casaco de coelho sozinha com seu Harveys Bristol Cream.

— Vamos nos ver novamente? — pergunta ela para as minhas costas.

Finjo que não ouço. Não me viro. Saio do restaurante e atravesso para o outro lado do hotel; não respiro até me sentir segura do outro lado.

Minha amiga está no Oak Bar. Vários minutos se passam até que eu seja capaz de dizer alguma coisa.

— E aí, como ela é?

— Não faço a menor idéia. — Mais tarde, entendo que provavelmente estava em estado de choque.

— Você está bem? — pergunta a amiga.

— Não sei.

— Me conta — diz ela.

Alguém diferente, outra cabeça, poderia exagerar a descrição de sua conduta, seus gestos. Tudo o que consigo dizer é:

— Dusty Springfield.

— O que você gostaria que ela tivesse feito? — pergunta a amiga.

— Literalmente? Eu gostaria que ela tivesse olhado para mim e perguntado: "Você precisa de alguma coisa, há alguma coisa que eu possa fazer por você, algo que você deseja me dizer?"

— Você marcou para vê-la novamente?

— Não.

Nunca mais a verei. De alguma forma, sei disso.

* * *

No Dia dos Namorados, o telefone toca.

— Você pode subir no telhado do seu prédio e simplesmente se atirar dele.

— Ellen?

— Estou muito zangada com você, sabe?

— Sei.

— Você não me mandou um cartão de Dia dos Namorados — diz ela.

— Não sabia que precisava mandar um — digo. — Não mandei cartão para ninguém.

— Bom, tudo que você precisava fazer era ir até uma loja e escolher um.

— Não entendo por que você está tão zangada comigo.

— Você não cuida bem de mim. Você deveria me adotar e cuidar bem de mim — diz ela.

— Não posso adotar você — retruco.

— Por que não?

Não sei como responder.

— Você me assusta. — É tudo que consigo dizer.

— Você ainda está aí? — pergunta ela.

— Estou.

— Você pode esperar um minuto enquanto pego um copo d'água?

"Água." Seu sotaque, sua pronúncia arrastada, um toque de Maryland misturado com o sabor do litoral de Nova Jersey. Esperar um minuto enquanto pego um copo d'água. Era água ou Harveys Bristol Cream?

Vinte e sete de abril de 1994, aniversário da mãe. Contra o conselho de amigos que dizem que, após o massacre do Dia dos Namorados, eu não deveria fazer nada para encorajá-la, deveria manter distância, deveria ser cuidadosa para evitar mandar mensagens dúbias ou qualquer mensagem que fosse, sinto que devo fazer algo. Quero que ela saiba que eu me preocupo, que estou lutando com tudo isso e que no momento é o melhor que consigo fazer. Não conhecendo o nome de qualquer florista em Atlantic City, ligo para a FTD e tento enviar o melhor que eles têm.

— Qual é o seu nome? — pergunta a mulher. — Seu nome, endereço e telefone?

Dou à operadora da FTD meu nome, endereço, telefone e percebo que estou suando em profusão. Sinto como se estivesse sendo interrogada. Quantos anos se passaram sem eu saber o nome de Ellen, seu endereço, número de telefone?

— Amarelas, cor-de-rosa ou vermelhas?

Estou odiando a operadora.

— Vermelhas.

— Podemos entregar amanhã.

— Não, é para a semana que vem. Quero que entreguem no dia 27.

Estou pedindo com antecedência, quero estar preparada, não quero esquecer a data.

— Entregar no dia 27 — diz a operadora. — E o cartão?

— O cartão? — Só de me perguntar sobre o cartão já fico irritada.

O cartão.

— "Feliz Aniversário, Ellen." Assinado A.M. — Não consigo dizer "Com amor".

— Só A.M.? — pergunta a atendente. — Não "Com amor, A.M."?

— Não.

— Que tal "carinhosamente" ou "atenciosamente"? — pergunta ela.

— Está bem — digo —, você é boa nisso. "Carinhosamente". Isso seria ótimo.

"Atenciosamente" soa como uma carta comercial. "Carinhosamente" soa ligeiramente autoritário, ligeiramente condescendente, como alguém que tenta ser acolhedor. Mais tarde, alguém me diz que eu poderia ter dito "afetuosamente", mas essa palavra também é ruim, como se você estivesse se segurando intencionalmente.

— Bem — diz a operadora —, é para uma amiga, não é?

E penso sobre isso. Penso sobre a diferença no pedido de flores para uma mãe: "Feliz Aniversário, Mamãe". Isso é claro e transparente, nenhuma confusão. Penso sobre pedir flores para uma pessoa amada com alegria, com paixão, com ligeiro arrependimento.

— Então é "carinhosamente" — diz a operadora. — Aguarde para eu lhe passar o valor total.

É mais do que desejo gastar em vários níveis. Desligo exausta.

Ao longo do verão, sou convidada para conhecer a mulher de Norman — como um encontro com uma rainha, mas que é também a madrasta arquetípica. Norman faz os preparativos. Vou encontrá-los no Mayflower Hotel, no centro de Washington — mais um hotel, dessa vez um dos mais antigos, mais históricos, conhecido como "o segundo melhor endereço de Washington".

Chego cedo, fazendo novamente um teste, sempre fazendo testes, para um papel que nunca está claro. O hotel está apinhado de homens do Serviço de Segurança, vestidos em ternos azuis e gravatas vermelhas, falando em suas lapelas. A tensão externa, o burburinho constante, os fones de ouvido e radiotransmissores acionados acrescentam um toque surreal — uma realidade psicológica peculiar — à situação. Um cão farejador de bombas passa por mim, sendo levado em direção ao banheiro feminino. Talvez ela seja mesmo uma rainha.

Norman está no saguão, de braços abertos, me dando boas-vindas como se essa fosse sua própria casa. Pede-me desculpas, dizendo que sua mulher vai chegar mais tarde — houve um problema com a filha, algo vagamente médico e perturbador. Conversamos sobre coisas banais, sobre o trânsito e o estacionamento. Ela chega e ele vai até ela, como lacaio, serviçal, seu pretendente culpado, um gato de rua arrastando sua surpresa bastarda. Ela não é o que você esperaria que uma rainha fosse — está malvestida e melancólica, uma mulher baixa de meia-idade —, e desde o momento em que digo oi, fica claro que esse encontro é apenas uma formalidade, que ela não está interessada em nada a meu respeito. Ela já tem uma opinião formada sobre mim.

Norman nos leva não para o restaurante, mas para o bar. Sentamos em uma pequena mesa redonda, pequena demais para uma mesa de estranhos. Norman fica entre nós duas. A garçonete chega. Sua mulher pede meio sanduíche e fica claro que isso será breve, que isso é tudo que qualquer um de nós vai consumir. Cada um pede meio sanduíche e Norman pede um drinque.

— Você parece ser uma pessoa muito simpática — diz ela.

Concordo com a cabeça. Sempre fui muito educada e respeitosa, apesar do que eu possa estar sentindo — uma mistura de medo e necessidade de ser aprovada, ser bem-vinda, receber algum selo de reconhecimento.

— Norman gostaria de levar você para ser apresentada a algumas pessoas, mas você sabe que ele não pode fazer isso — diz ela.

Porque isso perturbaria você, penso. Porque você teria de admitir o acontecido.

Norman está sentado entre nós — faço mais parte dele do que ela. Ele não diz nada.

Mais tarde, ele me diz: "Você e minha mulher não se entrosaram." Como se isso fosse minha responsabilidade.

Enquanto isso, recebo cartas do filho mais velho de Norman, seu xará — alguém que descrevo como Senhor Adoção Cristã. Ele tem dois filhos nascidos na Coréia e se orgulha de ser um bom sujeito, de fazer a coisa certa. Me conta histórias sobre como seu (nosso) pai é um sujeito incrível, pergunta se quero ver as fotografias dos outros, dando uma de filho rebelde ao se oferecer para me passar contrabando.

Esse é o garoto que costumava sair com Norman e Ellen. Ele é a única testemunha de tudo isso. Ele tinha dez anos quando tudo ruiu. Ele acha que temos algo em comum — o fato de compartilharmos o segredo de nosso pai —, sendo a única contradição o fato de que não *compartilho* o segredo, eu *sou* o segredo.

Norman combinou de nós três almoçarmos no clube campestre perto da casa de meus pais — um clube onde eu nunca havia pisado antes porque meus pais adotivos são tão contrários aos clubes campestres por motivos políticos que o "CCC" na bandeira que tremula do lado de fora poderia muito bem ser "KKK"[1]. Nenhum negro, nenhum judeu, nenhum "outro" é bem-vindo.

Este é o mundo em que Norman vive — antiquado, mas supostamente aristocrático. O fato é que Norman não é de classe alta; ele mantém uma fachada. (Estranhamente, tanto Norman quanto Ellen são obcecados por classe e glamour, e falam sobre si mesmos em relação a figuras da década de 1960, como Frank Sinatra e Jackie O., como se tivessem algo em comum com eles.)

---

[1] Iniciais da organização racista Ku Klux Klan. (N.T.)

Norman Jr., o filho número um, não se parece em nada com seu (nosso) pai. Seu cabelo é preto e grosso e a pele é mais escura. Bebemos chá gelado, comemos saladas insossas de alface e tomate e falamos sobre "minha gente". Em um certo momento, sinto-me como uma versão branca e feminina de Martin Luther King Jr. Quero dar as mãos e cantar "We Shall Overcome"[2].

No outono de 1994, o segundo outono desde que nos encontramos, Norman ainda não havia contado a seus outros filhos sobre mim.

Ele liga.

— É Norman. Resolvi ligar para você para contar as novidades. Acho que vendemos nossa casa e estamos pensando em nos mudar para a Flórida. Mas quero falar com você quando você puder. Ah, vai ser na semana que vem... Então, me liga? Obrigado, boneca. Tchau.

Pelo menos, quando ele está em Washington, eu sei onde ele está. Ligo de volta. Alguma outra pessoa atende ao telefone, um homem — talvez meu irmão ou um sobrinho.

— Alô, quem fala? — pergunta ele.

— Ligo mais tarde.

Em 1994, escrevo para Norman para lhe dizer como estou desapontada por ele não ter feito o que prometeu. Minha vida já é dolorosa demais — trabalhei duro demais para conseguir o que sou neste mundo para agora ser mantida como um segredo, alguma coisa do que se envergonhar.

Norman nunca falou da carta comigo. Venho a saber dela por meio de uma carta de Norman Jr.: "Ih, quase me esqueci de responder à sua pergunta sobre a carta..." Ele me conta que minha carta foi aberta por engano pelo filho mais novo de Norman pai,

---

[2] Canção de protesto popular nos anos 1960. (N.T.)

criando uma crise na família. Norman Jr. continua dizendo que foi bom a carta ter sido aberta, que ele também estava cansado do segredo e que o que eu escrevi para nosso pai era típico do que uma filha adotada diria a um pai biológico nessas circunstâncias: "Eu teria escrito a mesma carta, só que há mais tempo."

Todos nós vagamos à deriva — afastados.

No meio do inverno, Ellen liga.

— Acho melhor você ligar para seu pai. Acho que ele não dura muito mais.

Eles agora têm uma relação mais forte um com o outro do que têm comigo; a intensidade de seu interesse duradouro é um testamento do poder da atração.

Envio um bilhete para Norman; não recebo resposta. Não sei se ele está vivo ou morto.

Norman Jr. escreve perguntando se ele pode ir a uma leitura que farei em Washington. Ligo e lhe digo que ficaria feliz em encontrá-lo para tomar um drinque ou almoçar, mas que eu preferia que ele não comparecesse à leitura. Ele não entra mais em contato.

Depois do milionésimo telefonema, peço a Ellen que pare de ligar. Estou satisfeita em trocar correspondência com ela, mas não quero mais receber telefonemas.

— E se eu falar com o médico e ele me disser que tenho 24 horas de vida? Devo ligar? — pergunta ela.

— Espera 25 horas e depois me liga — digo, meio de brincadeira.

Fato é que, sejam lá quais forem as intenções de cada um dos dois, eu não tenho nada a ver com isso — não tem a ver com minhas necessidades, meus desejos e, neste momento, para mim chega.

Em dezembro de 1997, uma semana antes do meu aniversário, ela me envia um cartão. Ele é de um rosa-claro podre, a cor da feminilidade, de uma caixa de absorventes. Agora cheguei ao ponto de oficialmente abominar meu aniversário, de viver com medo do que ele pode me trazer.

Querida filha,

Este cartão foi enviado mais cedo, já que não tenho certeza de que ainda estarei aqui no dia 18 de dezembro. No dia 4 de dezembro me interno no Jefferson Hospital para fazer um procedimento em meu rim. Qual será o resultado, não sei. Estou muito apavorada com a situação. Tenho falência renal crônica. O Jefferson fica na Filadélfia, Pensilvânia.

Impresso no cartão — um dos melhores da Hallmark — está escrito: "Lembro da primeira vez em que eu disse 'eu te amo', olhando direto para os seus olhos (queria dizer que amo todo o resto de você também). Você havia acabado de nascer e achei que você era a coisa mais linda na face da terra. E, naquele seu rostinho, achei que eu conseguia enxergar o futuro. Ele era lindo também."

Ligo para Ellen.

— Cancelei o procedimento — diz ela, explicando que era algum tipo de teste diagnóstico do rim e que estava apavorada por ter que fazer isso sozinha.

Sei que deveria me oferecer para acompanhá-la. Mas não me ofereço. Ellen pergunta se tenho falado com meu pai, respondo que não. Diz que ele está indo bem na Flórida. Conversamos brevemente e depois encontro uma desculpa para encerrar a ligação.

Na data de seu aniversário, em abril de 1998, envio flores — faço isso todos os anos desde que ela me encontrou. Este ano, não recebo nenhum telefonema de agradecimento. Ligo para o florista para me certificar de que as flores foram recebidas. Dizem que Ellen as enviou de volta e as trocou por uma planta — também disse ao florista que eu ligaria para lá.

* * *

No verão de 1998, estou em Long Island em uma pequena casa alugada. Está anoitecendo. Estou conversando ao telefone com minha mãe quando sua chamada em espera começa a tocar. Ela some por um longo tempo.

— Se prepare — diz ela, voltando na linha. — Ellen morreu.

Estou ao telefone falando com minha mãe quando ela recebe uma chamada dizendo que minha mãe morreu. É como uma poesia de Gertrude Stein.

A mulher que deu a notícia era uma amiga de Ellen. Ligo para ela a fim de obter mais informações. Ela me diz que foi a doença renal. Ellen estava hospitalizada para fazer hemodiálise, mas ela, aparentemente contra os conselhos médicos, foi para casa e lá foi encontrada "moribunda" no sofá. *Moribunda*, a caminho do necrotério. Ela me diz que o irmão de Ellen foi avisado de sua morte e deixou o corpo de Ellen no necrotério de Atlantic City por pelo menos um dia, enquanto ele assistia ao torneio de tênis U.S. Open em Forest Hills.

— Ele não estava jogando, estava? — perguntou um amigo mais tarde.

Como Ellen pode estar morta? Não faz sentido. A primeira coisa que desejo fazer é ligar para ela, perguntar o que está acontecendo e ouvi-la dizer que teve de fazer algo para chamar minha atenção.

Ligo para meu advogado e peço-lhe que avise Norman. Não quero lhe dar a notícia ou lidar com a reação dele.

O advogado, sempre profissional, relata que Norman "agradece a notícia, pergunta por você e manda lhe dizer que gostaria de falar com você quando você estiver pronta".

Dirijo para Atlantic City sem nenhuma idéia do que esperar. O cemitério é perto do aeroporto — há um marcador de tijolos do lado de fora.

LAUREL MEMORIAL PARK
O MAIS BONITO CEMITÉRIO DE ATLANTIC CITY
PARA OBTER MAIS INFORMAÇÕES, LIGUE PARA...
NOVO MAUSOLÉU PÚBLICO
SEPULTURAS INDIVIDUAIS
JAZIGOS FAMILIARES
DISPONIBILIDADE DE NICHOS DE JARDIM PARA URNAS

De acordo com sua amiga — que não pôde comparecer ao funeral —, Ellen queria um enterro judeu. Em vez disso, ganhou um pastor-de-aluguel em calças de poliéster cinza celebrando a cerimônia sobre a sepultura na parte mais barata de um cemitério de Atlantic City perto do aeroporto. Foram colocadas apenas quatro cadeiras. Seu irmão, meu tio, chega com a mulher. Ele é enrugado como uma boneca de palha de milho e veste um terno listrado de algodão. Ofereço a mão para ele.

— Me diz de novo — diz ele, sabendo muito bem quem eu sou. — Qual é o seu nome?

Pergunto se algum outro parente está enterrado naquele cemitério.

— Não — responde ele.

Não lhe conto que costumava dirigir até a sua casa e fazer o retorno na entrada de sua garagem, como tocar em um amuleto. Não lhe conto que costumava sentar do lado de fora de sua casa — sua prosperidade tão vistosa — e ter inveja de sua árvore de Natal e de sua tabela de basquete. E não lhe conto que sua irmã costumava me dizer o quanto ela não gostava dele.

O pastor contratado faz seu trabalho e vou acompanhando e dizendo "Amém" para tudo e tentando passar uma boa impressão para meu tio. A sepultura está aberta, no aguardo, o caixão ao lado dela, sem ornamentos. Percebo que estou meio que esperando uma grande demonstração floral de Norman, algo no formato de uma ferradura.

Fico pensando que Ellen está lá dentro — naquele caixão, prestando atenção. Ela sabe que está morta, sabe o quanto isso é horrível — lembro-me de seus arroubos de emoção irreverentes, de como dizia o que quer que estivesse pensando. É muito deprimente, mas estou contente por estar lá, ao menos para ser testemunha da vida dessa mulher, do fim da vida dessa mulher, tomar nota de tudo isso.

Depois do funeral, compro um mapa e dirijo por Atlantic City, indo a cada um dos endereços que estão nas cartas dela em ordem cronológica. Encontro uma das casas e lembro de uma fotografia que ela me enviou junto com uma carta dizendo que estava a um quarteirão do mar. É como um *déjà vu* — já estive aqui antes. A excursão pelas casas é uma espiral descendente que termina em uma casa pré-fabricada no final de uma rua perto de um aterro sanitário. Em cada local, tiro fotografias — recolho informações, imagens para organizar, para me consolar.

Em sua última casa, há tomateiros crescendo do lado de fora, repletos de frutos maduros. Através das janelas da cozinha, vejo que ainda há luzes acesas. Vejo comestíveis no balcão, frascos grandes de comprimidos, minirrocamboles e antiácidos. Há um inalador sobre o balcão, algumas latas de um *shake* para emagrecer, um isqueiro. Parece que alguém vive aqui. Vou para a porta da frente e toco a campainha — por quê? Da entrada, usando meu telefone celular, ligo para o número dela e ouço o telefone tocar dentro da casa; a secretária eletrônica atende — sua voz na gravação.

Olhando através da janela da cozinha para dentro da sala de estar, vejo algo verde, uma planta decorada com luzes natalinas piscando fora de época. É esta a planta?

O que é tão triste é o fato de ela ser uma mulher de quem eu precisava me proteger enquanto ela era viva. E agora que ela está morta, estou espiando na ponta dos pés pela janela da cozinha, recolhendo pistas.

Daqui, vou adiante, passeio por Atlantic City. Faço uma parada no Lucy the Elephant, uma taverna de madeira da virada do século XIX para o XX, de frente para o mar, com uma janela nos fundos. Estaciono, ando na direção de um píer de pescadores; as nuvens estão fazendo aquilo que chamo de coisa de Deus, dividindo a luz em raios visíveis. Vejo golfinhos à distância. Termino em um cassino enfiando moedas em máquinas caça-níqueis. Está ficando tarde e, embora ainda não consiga reconciliar nada, parto com mais do que trouxe.

Uma semana depois, o advogado, executor e suposto amigo de Ellen, que também esteve curiosamente ausente em seu funeral, concorda em me deixar entrar na casa. Alugo um carro, trago algumas caixas, algumas sacolas plásticas e duas amigas para apoio.

— Não sei que tipo de relacionamento vocês tiveram — diz o advogado à medida que destranca a porta. — Mas não encontrei muito, apenas alguns retratos. Minha mulher e eu vasculhamos tudo. Ela é comerciante de antiguidades e disse que não há nada.

A casa foi saqueada — há velas, mas não castiçais, pratos, mas não talheres, e os potes e panelas de cobre que vi pela janela da cozinha sumiram. O advogado me diz que ele e sua mulher estiveram organizando as coisas, se preparando para uma venda. Limpa de tudo que tenha valor material, a casa ainda está abarrotada de coisas. Há uma manta de crochê que cobria o sofá onde ela foi encontrada, uma porção de pratos feios de doce, estranhas bonecas de plástico com bases de caixa de música, suprimentos do salão de beleza malsucedido que ela abriu há alguns anos, enfeites de Natal. E há um pequeno estojo de maquiagem azul — o tipo de coisa que você veria em um filme, sendo carregado por Audrey Hepburn ou Barbra Streisand pelo aeroporto enquanto um mensageiro carrega todo o resto da bagagem, as malas grandes. O estojo tem uma fechadura com segredo e o trinco está aberto — obviamente alguém já o havia revistado. Está cheio de detritos, restos de uma vida vivida — incrustado com maquiagem velha, prendedores de cabelo, um rolo de cabelo, uma cartela de pílulas anticoncepcionais com validade vencida, moedas soltas. Ela ou alguém que ela conhecia era o rei dos dólares de prata, porque eles estão em todos os lugares, em cada gaveta do armário. O estojo a resume — não me surpreenderia de lá encontrar blocos de Lego ou partes de um brinquedo quebrado. Era, por outro lado, um item de bagagem sofisticado, mas sua condição dava a impressão de ter sido usada por uma criança, uma menina brincando de ser adulta. Deixei-a para trás — é demais, íntimo demais, como pegar a escova de dentes dela do copo.

* * *

Ando pela casa, colocando coisas aleatoriamente dentro de caixas, seguida por minhas duas amigas, que me perguntam o que desejo levar, o que estou procurando. Perambulo abrindo e fechando portas de armários, sem a menor idéia de como avaliar tudo aquilo. Devastador, deprimente — aquela era toda a sua vida. Por dentro, a casa parece provisória, ocupada por um transeunte, alguém que não vive na casa mas que passa por ela, como um invasor de casas desocupadas. É bagunçada, como se um furacão tivesse passado por ali, e não há maneira de saber se aquilo era seu ou se alguém havia passado por lá como um pirata, saqueando. Não há nada substancial — e não me refiro a valor, mas a solidez. Tudo parece ter sido feito de papel, como se pudesse desmoronar e voar para longe. O advogado nos deixa entrar na casa. Cerca de vinte minutos depois ele me encontra e pergunta:

— Você termina em 15 minutos?

Minha amiga o leva para um canto e diz:

— Olha, trata-se da mãe dela. Isto é o mais perto que ela chegou da mãe, portanto dê-lhe algum tempo... Se você tem coisas para fazer, volte daqui a uma hora mais ou menos.

Tiro fotografias de tudo, sabendo que é agora, o momento, a única vez, a última vez, e tenho que tentar captar o que puder. Tenho de encontrar uma forma de guardar isso para mais tarde, porque não consigo lidar com isso no momento. Fotografo seu quarto e as coisas em seu quarto — armário, cabeceira da cama (bronze, mas solta e pendendo pronunciadamente para a frente). Fotografo a parte de cima de seu armário — Excedrin, talco de bebê Johnson, perfume, balas, uma gueixa de porcelana, uma tigela cheia de trocados e uma pilha de cartões de beisebol! Fotografo os interiores de suas gavetas do armário — cada uma entulhada de roupas desdobradas —, provisão de *lingerie* para uma vida inteira. Tiro fotografias de seu banheiro — 32 batons Chanel e dezenas de bonequinhas estranhas que estão por toda a casa, com 15 centímetros e vestidas como damas da época em que os Estados Unidos eram uma colônia, em saias amplas, com franzidos e, em suas cabeças, chapéus com fitas, cabelos laranja, narizes de palhaço estranhamente vermelhos e maquiagem de circo. Fotografo a parte de trás da porta do banheiro — seu roupão e várias toucas de banho. Fotografo os outros dois banheiros vazios, cheios de caixas, com coisas que ela claramente havia trazido do último lugar em que morou, caixas de papelão e sacolas de compras, papel de embrulho, sapatos ainda nas caixas. Num canto da cozinha, há uma menorá, e depois, logo atrás dela, um crucifixo, e, na frente, a fotografia emoldurada de um cachorro. Uso seis câmeras descartáveis e, quando elas acabam, coloco-as dentro das caixas.

* * *

No armário da frente, encontro uma pele: uma estola, com suas iniciais costuradas na parte de dentro em letras rosa. Imagino que esta estivesse entre suas posses mais estimadas, que Norman lhe deu. Um luxo. A pele deve ter sido glamourosa quando ela a ganhou. Agora, parece velha, desgastada. Deixo-a pendurada.

Tiro pedaços de papel; caixas de papéis, no meio das quais está um recibo de um anel de diamante de 1963; um pacote antigo do que parecem ser pílulas anticoncepcionais; um mandado de prisão; um pacote da Saks que deve ter chegado há pouco;

dois pares de calcinhas "emagrecedoras" de borracha com as etiquetas ainda penduradas, uma preta, outra cor-de-carne. Qual era o tamanho de roupa dela? Um suéter de caxemira marrom exatamente como o bege que Norman me enviou de presente de Natal no primeiro ano em que fizemos contato — o infame suéter de caxemira. Em seu quarto, suas calças estão penduradas sobre uma cadeira, um jeans preto, até parecido com o que costumo usar. Elas ainda conservam a forma de seu corpo. Enfio a mão em um dos bolsos; há um maço de dinheiro, notas soltas, uma caixa de chicletes. Essa é exatamente a mesma maneira como eu guardo dinheiro. É a única coisa que minha mãe sempre reclama de mim: como você consegue guardar seu dinheiro dessa forma? Ninguém guarda dinheiro assim, você não quer guardar numa bolsinha? O bolo de dinheiro é grosso, enfiado no fundo do bolso. Quantas mulheres sessentonas guardam dinheiro em um maço dentro do bolso? Essa sutileza indescritível da biologia me deixa desconcertada. Em seus bolsos, encontro as mesmas coisas que encontro nos meus.

Estou interpretando uma pilha de roupas, uma casa bagunçada, procurando por informações, pistas.

Lembro-me do escritor James Ellroy me contando sobre as roupas de sua mãe; sobre quando retirou as roupas de sua mãe assassinada da sala de provas da polícia anos após o ocorrido. Ele falou sobre tirar as roupas dos sacos plásticos lacrados e desejar cheirá-las, desejar esfregar o rosto nelas.

Há uma tendência a se romantizar a pessoa perdida — pensar nela significa permitir que ela permaneça. Ouço sua voz em minha cabeça — instável como era, ela seria a única que poderia me explicar o que aconteceu.

Quando saio, coloco quatro caixas de papéis diversos no carro alugado. Não tenho a menor idéia do que peguei, do que pode estar lá dentro. Levo minhas duas amigas de carro até o centro de Atlantic City e jantamos em um dos cassinos. Sinto-me em dívida — não conseguiria passar por tudo isso sem elas. O ambiente é surreal, um palácio de gelo subaquático de mentira. Sentamo-nos olhando para esculturas de gelo de criaturas marinhas derretendo vagarosamente ao nosso redor. A luz muda constantemente, verde e roxo e azul — como Jacques Cousteau viajando com LSD. Nós três pedimos o mesmo prato: filé com batatas cozidas — é como se precisássemos de uma boa refeição para nos sustentar. Estamos em silêncio, em choque; é difícil saber o que dizer após um dia como esse. No fim, Ellen paga a refeição. Uso o maço de dinheiro do bolso de trás de suas calças e o que sobra deixo de gorjeta.

Naquela noite, em Nova York, limpo meu apartamento. Freneticamente, histericamente, vasculho tudo, jogando coisas fora — tenho toucas de banho de cada hotel em que estive, sabonetes, xampus. Tenho tudo que ela tinha. Jogo tudo fora. Não posso ser como Ellen; isso tudo não pode acontecer novamente da mesma forma.

Penso nas flores que ela havia trocado por uma planta, a planta que vi através da janela da cozinha, a planta com as luzes da árvore de Natal acesas, e eu, um bebê de Natal, a coisa que não podia ser esquecida. Será que ela deixou as luzes acesas por minha causa?

Luto com a forma de narrar a confusão, a perda profunda de um pedaço de mim mesma que nunca conheci, um pedaço que afastei por ser tão assustador.

A autobiografia da desconhecida.

Alguns meses depois, ligo para Norman. Ele diz: "Retorno sua ligação em seguida." É a primeira vez que nos falamos desde que Ellen morreu. Ele me diz que se encontrou com Ellen em Washington pouco antes da morte dela. Não tenho a menor idéia se essa foi a primeira vez que eles se viram em quase quarenta anos ou se se encontraram repetidas vezes desde as reuniões independentes comigo. Norman me diz que sabia que ela estava doente. O médico lhe disse que ela precisava de um rim e, de acordo com Norman, Ellen queria que ele me pedisse um. Ele foi taxativo; ela lhe pediu e ele disse não. Ele lhe disse que os dois não podiam me pedir favor nenhum, pelo fato de que nenhum deles tinha feito qualquer coisa que fosse por mim. Ele me contou que ofereceu o próprio rim, que ligou para seu médico e perguntou sobre isso. Acredito que ele tenha perguntado a seu médico alguma coisa a respeito, mas parece improvável que tenha feito qualquer coisa além disso. Norman está falando ao telefone do carro porque tem medo de falar comigo do telefone de casa, mas espera que eu acredite que ele poderia dar um rim a Ellen. Ele contaria para sua mulher, para seus filhos? Acho que quando Ellen pediu a Norman, ele disse primeiro que não e depois concordou em me pedir; então, disse a Ellen que eu tinha dito que não. Isso explica muita coisa. Explica por que nunca mais ela me ligou antes de sua morte.

Quando converso com Norman, fico emocionada e penso: "Ah, não, estou fazendo ele se lembrar *dela*." Digo a Norman que para mim chega, que não posso fazer isso novamente, que não quero receber um telefonema um dia me convocando para outra igreja onde ficarei no fundo, em pé, indesejada e vendo amigos e família vivendo o luto pelo falecimento de um homem que nunca conheci de verdade, mas do qual, de alguma forma, sou parte.

— Entendo — diz ele. — Me liga. Liga para o telefone do carro. Minha mulher raramente anda de carro. Podemos conversar.

— Não sou sua amante. Sou sua filha. E não vou ligar para o telefone do seu carro — digo.

— Que coisa! — responde ele.

Livro Dois

Desencaixotando minha mãe

Ellen Ballman

Sete anos se passam até que eu consiga abrir as caixas que trouxe da casa de Ellen. É 2005 e continuo na mesma página, ainda estou pensando sobre o que de fato aconteceu.

"Moribunda no sofá." O que isso significa? Meio morta, já morta, à beira da morte? Ela estava em coma? Ela sabia que alguém iria socorrê-la? Ela esperava ser salva? Como é que alguém chega aos sessenta anos e termina tão sozinha? Vasculho os poucos papéis que tenho — seu atestado de óbito diz que ela morreu às três da manhã na emergência do hospital. Quem chamou a ambulância? Por quanto tempo ela ficou na unidade de emergência? Ela deve ter mostrado algum sinal de vida quando chegou lá, senão o item "morta ao chegar" teria sido marcado. Penso em ligar para o serviço de emergência de Atlantic City e pedir uma transcrição. E por que me lembro de ter ouvido alguém falar que ela foi encontrada por um entregador de comida chinesa?

Sete anos após o fato e ele permanece tão fresco quanto quando aconteceu. Parece que essa é a natureza do trauma — ele não muda, suaviza, esvaece, transforma-se em algo menos agudo, menos perigoso.

Mesmo agora, sinto vontade de ligar para Ellen e perguntar o que aconteceu. Será que ela se matou? Mais ou menos. Ela escolheu sair do hospital por conta própria, contra o conselho dos médicos, e foi para casa para morrer sozinha em seu sofá. Seu medo de ter medo, sua aversão a médicos, sua ansiedade subjacente certamente contribuíram.

Lembro-me do cartão de aniversário: "Este cartão foi enviado mais cedo, já que não tenho certeza de que ainda estarei aqui no dia 18 de dezembro. No dia 4 de dezembro me interno no Jefferson Hospital para fazer um procedimento em meu rim. Qual será o resultado, não sei."

Lembro-me de ter ligado para Ellen, meio irritada, meio preocupada.

— Cancelei o procedimento — disse ela.

Nunca entendi o que era o tal procedimento; a coisa mais próxima de uma resposta que obtive foi algo sobre fluxo sangüíneo para um rim. Soube que ela tinha consultado muitos médicos — inclusive um em Atlantic City que a enviou para alguém na Filadélfia —, mas estava apavorada de fazer qualquer coisa lá, de ficar sozinha no hospital. E eu sabia que eu deveria dizer: "Vou aí cuidar de você."

Parte de mim pensa que, se ela tivesse pedido da "forma correta", eu a teria ajudado, e fico irritada comigo mesma. Que importa como ela tentou pedir? Ela estava com medo e provavelmente nunca havia conseguido bons resultados com seus pedidos — provavelmente, em parte, porque não sabia como pedir. Portanto, em vez de conseguir o que queria, ela sempre conseguia o que não queria — ela afastava as pessoas.

E eu não consigo escapar da conexão quase bíblica com o rim — fui adotada por minha família por causa da morte de Bruce, filho da minha mãe, que morreu por falência renal. Foi por minha culpa que Ellen morreu? Eu deveria ter lhe dado um rim? Logo após sua morte, liguei para seu médico em Atlantic City; na morte, fui para ela o que não consegui ser em vida.

— Aqui é a filha de Ellen Ballman. Estou procurando informações.

Pausei, esperando que ele dissesse: "Ellen Ballman não era casada e não tinha filhos. Não faço a menor idéia de quem você seja."

— Um transplante a teria salvo — disse o médico, sem preconceitos. Não havia nada em sua voz que sugerisse que eu deveria ter sido a doadora. Sem qualquer sugestão de minha parte, ele continuou dizendo que o rim que ela precisava não necessariamente teria de ser o meu. Será que eles conversaram sobre isso? Será que ele sabia *quem* eu era? Será que o médico lhe perguntou se ela tinha uma família?

— Não sei por que ela saiu do hospital. Não sei o que ela estava pensando. O quadro dela era tratável... Ela poderia ter sido salva.

Depois que Ellen morreu, escrevi várias cartas para a breve lista de amigos que seu advogado me deu, para a amiga que ligou para avisar da morte dela, para sua sobrinha na Califórnia e assim por diante. Escrevi para eles dizendo quem eu era e que gostaria muito de saber mais sobre Ellen, suas memórias, experiências, qualquer coisa que desejassem compartilhar comigo. Coloquei as cartas no correio e nada aconteceu. A única pessoa que me respondeu foi a polonesa que fazia faxina para Ellen e que não falava inglês. A mulher para quem a faxineira trabalhava às terças-feiras me ligou e, juntas, deixaram uma mensagem na minha secretária eletrônica. Era uma mensagem traduzida conforme retransmitida pela patroa das terças-feiras. A faxineira está desolada, adorava Ellen, não tinha idéia de que Ellen estivesse doente. A faxineira tinha ido à Polônia visitar a família; "ela estava viajando, mas agora está de volta". Eu poderia ligar para ela a qualquer hora. Poderia visitá-la. Ela me ama muito. A patroa das terças-feiras também deixou seu nome e número de telefone. "Ligue a qualquer hora", disse ela. Não consegui ligar.

É da natureza humana fugir do perigo, mas por que tenho de ser tão humana? Por que não consegui ser mais capaz, uma filha biológica melhor? Por que não tive força e perspectiva tanto para me proteger quanto para dar? Eu a decepcionei — estava tão ocupada me protegendo dela que não fiz meu trabalho bem o suficiente no sentido de perceber o problema que ela tinha. Esperava que ela pedisse o que precisava da forma que eu pensava ser apropriada. Não consegui ver seu egoísmo em perspectiva, não consegui ver que ela era uma mulher com uma dor enorme, não consegui escapar de mim mesma, das minhas próprias necessidades, do meu próprio desejo reprimido. O que importa a forma como ela pediu? Eu deveria ter dado. Eu deveria ter dado apesar de não desejar dar. E o que eu estava protegendo em mim? Colocar uma armadura é garantia de proteção?

As pessoas me dizem como eu deveria me sentir. "Você deve estar aliviada", dizem eles. "Você deve estar confusa." "Você deve estar dividida."

Eu a decepcionei. Não dei atenção suficiente para suas últimas cartas, para a última vez em que nos falamos. Ela havia me ligado para dizer: "Corra e ligue para seu pai, ele pode não durar muito."

A idéia de que ela estava ligando para falar sobre ele, que os dois tinham um relacionamento que se estendia para além de mim, era irritante. E o fato de ele ser meu pai e me forçar a provar isso simplesmente para, em seguida, deixar de falar comigo, de que agora eu deveria correr e ligar porque ele poderia não durar muito mais e de que essas pessoas que haviam chegado tão de repente podiam agora tão repentinamente desaparecer era demais.

Minha mãe está morta. Minha mãe me ligou para dizer que minha mãe está morta? Essa é a dissonância, a cisão, a impossibilidade de viver duas vidas ao mesmo tempo.

* * *

Yom Kippur, outono, 1998. Estou em Saratoga Springs, no estado de Nova York, em Yaddo, uma colônia de artistas. Passaram-se apenas algumas semanas desde o funeral. Vou à cerimônia oferecida pela sinagoga local. Estou sozinha entre estranhos, em um local seguro para sofrer, e para mim este é o memorial "Possa ele se lembrar". Há uma parte da cerimônia do Yom Kippur denominada Yizcor — durante a qual são lidos os nomes de todos os membros da congregação que morreram naquele ano. Acrescento o nome dela à lista. Os nomes são lidos em voz alta. Há outros nomes antes e depois do dela. O nome dela é chamado, eu o ouço — igual aos outros, ele não está só. O nome dela é dito em voz alta, é oferecido a todos. Vejo outras pessoas chorando e sinto que fiz algo, dei a ela uma coisa que ela queria: ser reconhecida, ser notada. Este é seu funeral judeu. Estou participando de uma cerimônia em memória de uma mãe que nunca conheci, em uma sala cheia de estranhos. Estamos abraçando a história e a dor e todos os que vieram e se foram, e isso faz mais sentido do que qualquer outra coisa já fez.

Estou pensando em Atlantic City e em andar no píer e em como, pelas fissuras nas nuvens, os raios das luzes coloridas do arco-íris escoaram no final da tarde. Estou pensando na ocasião em que enviei a ela pétalas de rosa do jardim de Yaddo. Estou pensando em como ela desejava tudo e qualquer coisa e como era insaciável. Estou feliz por estar aqui, sozinha, entre estranhos. Choro durante toda a cerimônia. Estou chorando não apenas por ela, mas por mim também, por todos os acidentes que fazem parte disso, por todos os fracassos da parte de todos, pela fragilidade desgraçada da condição humana, por ter medo, vergonha. Esta é minha expiação; estou confessando meus pecados, batendo em meu peito, pedindo perdão pelo que disse e pelo que não disse, pelo que fiz e pelo que não fiz, por aqueles que magoei ou ofendi consciente ou inconscientemente, por meus erros de omissão — essa confissão é conhecida no judaísmo como o Vidúy. Estou chorando pelo quanto estou isolada, pelo quanto estou sozinha e pelo quanto tenho passado por coisas desse tipo na vida.

Eu já falei do quanto me sinto precariamente posicionada — no limite da Terra, como se minha licença pudesse ser revogada a qualquer momento?

As caixas. Volto de Yaddo para casa e as caixas estão no meu apartamento esperando por mim, saudando-me, cutucando-me para lembrar o que não posso esquecer. Não consigo abrir as caixas. Tenho medo delas, como se contivessem algo que pudesse me ferir. Retirar a fita adesiva delas poderia liberar uma bactéria virulenta, apenas tocá-las poderia, quem sabe, infectar-me com *ela*. Vivo com as caixas como se fossem itens de mobília, requerendo cuidado para circular entre elas, para não deixar tudo que considero importante entrar em contato com elas e, finalmente, mais de nove meses depois, eu as envio para um depósito. Expulso as caixas para as profundezas do minidepósito — antes que elas partam, escrevo cuidadosamente em todos os lados: "Ellen Morta 1-4". Ela me deu para ser adotada — estou enviando-a para o minidepósito. Ela vai ficar junto com meus documentos de impostos, minha coleção de discos de vinil, minha impressora matricial, minha velha máquina de escrever, tornando-se um pedaço de minha vida do qual não estou disposta a me desfazer por inteiro, mas que deve ser mantida longe de casa.

Qual é a meia-vida de uma caixa tóxica? Quando estarei pronta para olhar lá dentro? A capacidade para desconcertar e abalar diminui com o passar do tempo?

Na primavera de 2005, prometi a mim mesma que lidaria com a Ellen morta de uma vez por todas. Tiro as caixas do estado de animação suspensa, trago-as de volta ao meu apartamento. Ao longo do tempo, elas tinham amadurecido; há um certo cheiro nelas — desintegração ativa. E elas estão de volta, tornando-se mobília. Coloquei coisas sobre elas: malas, livros, coisas pesadas. Estou conservando-as fechadas de uma forma sorrateira.

No outono de 2005, 12 anos depois que Ellen me encontrou, levo as caixas comigo para Long Island no fim de semana — apenas eu e quatro embalagens de papelão corrugado da Ellen morta. Levo as caixas à mesma casinha, no pátio da qual me encontrava quando ouvi minha mãe me contar que minha mãe estava morta. A casa, então alugada, agora é minha — um pedaço de algo que as pessoas chamam de lar. Levo quatro caixas para a casa em Long Island, um lugar seguro e controlado — onde, como um esquadrão antibomba, planejo detoná-las. Coloco as caixas na mesa da cozinha — a mesa da minha avó. Não há como escapar delas agora, não tenho outra saída.

Peço à minha família que fique em casa. Não consigo fazer isso com uma platéia, preciso estar sozinha, ser capaz de absorver seja lá o que eu encontrar. Preciso não ter de explicar o que não pode ser explicado — claro, tudo o que estou tentando explicar agora. Sento-me diante das caixas, preparada para fazer um inventário, atordoada como uma criança brincando de remexer na bolsa da mãe e depois também sentindo um peso mais sério — sou a guardiã, a mantenedora do que permanece e, se não fui capaz de conhecê-la em vida, talvez possa engatinhar para mais perto dela na morte. Existe tal coisa como intimidade após o fato? Será que vou encontrá-la nessas caixas, vou conhecê-la melhor após terminar? Há uma parte de mim que deseja que eu tivesse trazido mais — talvez se eu tivesse trazido dez caixas houvesse mais alguma coisa, não apenas mais do mesmo.

Caixa 1 — o item no topo é uma partitura de música. "Salve o Redskins". Não sei exatamente por que fiquei tão surpresa que esse tenha sido o primeiro item — será que era porque meu pai biológico foi jogador de futebol americano na universidade ou porque eu conseguia, com muita facilidade, imaginar os dois indo assistir aos jogos do Redskins enquanto a mulher dele ficava em casa com as crianças? Mas era interessante sobretudo à luz de outras informações que descobri: a primeira vez que Ellen foi presa, em 1971, por apostas ilegais — formou uma mesa de jogo no Sheraton Park Hotel e montou uma banca de apostas ilegal durante um jogo do Cowboys contra o Redskins —, e um processo antitruste que meu pai abriu contra o Redskins e a liga de futebol profissional quando ele tentou trazer um novo time de futebol para a cidade e enfrentou dificuldades. E assim que vejo a partitura, também me vejo aos 13 anos, com aparelho nos dentes, em meu quarto na casa de meus pais em Chevy Chase, e meu professor de clarinete, sr. Schreiber, sentado ao meu lado enquanto eu buzino e berro, parando para lamber a palheta de meu clarinete alugado, no afã de acertar. O sr. Schreiber era o regente da banda do Redskins que, com um longo cocar de índio sobre seus grossos cabelos brancos, comandava a banda no gramado nos intervalos dos jogos.

Sob a partitura da música está uma pasta de couro artificial com fotografias. De forma reflexiva, inspiro profundamente — preparando-me para o que vem em seguida —, mas, por causa da poeira, tenho um acesso de tosse e preciso beber alguma coisa. As fotografias foram feitas por Harris & Ewing — o mais importante estúdio fotográfico de Washington, fotógrafos de presidentes e da alta sociedade — e, aparentemente, várias são de minha mãe quando criança. Nos primeiros dois retratos, ela tem cerca de quatro meses — há uma em que está séria, em outra, sorridente —, e em outro tem cerca de dois anos, em um vestido branco com um grande laço de fita em seus cabelos, sapatos brancos de cadarços, delicada e encantada — novamente e sempre olhando para um dos lados. E, em seguida, um pouco mais velha, talvez aos três ou quatro, posando com um lindo e enorme dálmata. E de novo — talvez parte da mesma sessão de fotografias — em traje típico alemão ou um avental infantil. Há uma sensação palpável de que ela é a queridinha do papai — brilho levado no olhar, ela é tímida, encantadora e desafiadora —, e tenho a estranha sensação de que ela sabe mais do que é capaz de entender por inteiro. Ela não é um bebê, mas uma menina, e ainda assim, e sempre, há uma incerteza e uma necessidade de confirmação — pode-se ver com clareza. E, para mim, há uma familiaridade insípida, uma ligação inescapável e inominável — não nos parecemos, mas temos algo em comum. Há semelhanças nos braços, nas bochechas e nos olhos — temos os mesmos olhos.

Há um retrato da mãe de Ellen tirado por Harris & Ewing — tranqüila, decidida, fria, orgulhosa de si sobremaneira. O próprio fato de essas fotos existirem indica um certo ar de prosperidade. As pessoas comuns, no início da década de 1940, não tiravam retratos de si mesmas e de seus filhos. Isso também me lembra de algo que Ellen uma vez me perguntou: "Podemos encomendar uma pintura de nós duas?" Quando ela disse isso, as palavras pareciam existir em outro mundo. Será que alguma vez ela teve seu retrato pintado? Foi algo que lhe foi prometido, mas nunca realizado? Há outra fotografia tirada a bordo de um navio por outra pessoa, da mãe de Ellen com uma mulher que suponho seja a mãe da minha mãe, Mary Hannan, em algum momento da década de 1930. E, em seguida, há uma outra de Mary Hannan há muito tempo — uma mulher jovem, bonita e cheia de vida.

Misturadas entre as páginas estão fotografias instantâneas aleatórias — Ellen brincando na praia, com seu irmão bem ao fundo. Há uma que eu suponho ser do pai e do irmão no quintal de sua casa. E, depois, Ellen com cerca de sete ou oito anos em pé na frente da casa com o irmão — ele está de uniforme da escola militar, braços estendidos com os punhos cerrados ao longo do corpo; a mãe é a sombra do fotógrafo, uma marca escura na calçada —, e naquela época seu pai já havia falecido. E depois Ellen está no sofá ao lado da mãe — adolescente, gorducha e muito desconfortável. As imagens são momentos congelados da relação familiar; documentos tirados para servir de prova e memória quando não houver mais ninguém para contar a história.

Coisas caem — dezenas de contas em envelopes ainda fechados com os respectivos selos de correio amarelados: "Avisar destinatário do novo endereço." Sua vida foi vivida em movimento, numa espiral descendente, correndo, apenas um passo adiante de si mesma. Os envelopes escorregam pelo chão — aviso de seguro de US$530 vencido e outro de uma agência de cobrança no valor de US$13.043,75 devidos à Secretaria da Receita. Há um conjunto de papéis legais relativos a um processo aberto por uma família em nome de seus filhos para cobrir despesas sofridas como resultado de um envenenamento causado por tinta com chumbo em edifícios pertencentes e administrados pelos réus — específica e especialmente *Ellen Ballman.*

Há uma carta de um banco: "Avisamos que, em função de sua conta não mostrar movimentação satisfatória, solicitamos que ela seja encerrada dentro de 15 dias a partir da emissão desta carta." Há uma conta de gás e uma de luz vencidas no valor de mais de dez mil dólares. E um envelope com um catálogo da coleção de inverno de 1995 da loja Mark, Fore & Strike, "Roupas divertidas e informais desde 1951". O cheiro que emana das caixas é forte — é um pouco cheiro de naftalina, um pouco de gaiola de hamster, um pouco de asmático e, definitivamente, de algo azedo. Há uma carta do Departamento de Obras Públicas de Maryland, datada de 6 de junho de 1984, uma notificação de reclamação pelas condições de um terreno baldio, crescimento exagerado de ervas daninhas e arbustos, garrafas, latas e papéis espalhados, ratos correndo pela frente do terreno. O endereço é Langedrum Lane, 4709, Chevy Chase, Maryland. Fica a poucos quilômetros de onde cresci — e um lugar onde não há ratos. Há uma notificação de cancelamento do seguro e outra relativa à falta de pagamento de impostos prediais sobre uma propriedade na Seventh Street em Washington, D.C.

Sob as fotografias e em todas as caixas há bilhetes, pedaços de papel com pequenos poemas rimados rabiscados a lápis e a caneta e sempre assinados por "JC" (Jack). O que ele era de Ellen? Um amante, um velho amigo, um amigo do pai dela? Sei pelas minhas pesquisas que ele foi preso mais de uma vez por jogo ilegal, que tinha uma loja de lavagem a seco e, mais tarde, viveu em Atlantic City. E sei como Ellen ficou triste quando ele adoeceu e depois morreu. Como eles se conheceram? Ele tinha uma esposa, Katherine — vejo seu nome em alguns dos documentos e encontro um cartão dela para Ellen. É óbvio que Jack gostava muito de Ellen — uma vez ele escreveu uma carta para mim, atestando a veracidade das histórias de Ellen sobre a mãe dela.

As caixas são como uma versão em papel de "Esta é a sua vida". Dentro de uma delas há uma caixa menor e nela está escrito "Quarto principal". Retiro a fita adesiva ressecada. Dentro está um arquivo de metal aberto — em cada compartimento, uma pasta parda; cada pasta, um problema, um caso em si mesmo, literalmente. O arquivo está cheio de pastas e mais pastas de transações imobiliárias que deram errado, prédios comprados e vendidos, reestruturações de empréstimos, procurações, acordos, dezenas de cartas para advogados, muitas idas e vindas, contestações, depoimentos. Pedidos para deixar de representar como advogado o queixoso e outros envolvidos. Não há nada em tudo isso que seja uma boa notícia. No fundo, há um antigo caderno de recados telefônicos — com cópias carbono. "Ligue para Rudy no trabalho. Sr. Watson — importante. Ref. Rose, verificação da esposa foi enviada na semana passada. Para Alex, ref. Lackey, ele pode vir às 15h hoje?" Já se passaram muitos anos, mas sinto que devo retornar as ligações. Olá, você pode me contar sobre Ellen Ballman? Como você a conheceu? Ela era simpática? Era uma pessoa justa? Era uma pessoa boa? E, depois, há ainda outra pasta com um bilhete em cima. "Por favor, fale com Ellen sobre isso! Ela está me perturbando muito por causa disso. O que ela quer que eu faça a não ser chamar sua atenção?!?!" Há um pedaço de papel no qual alguém rabiscou "Para sua informação" e uma nota que parece dizer "EB 300 horas em 8-8-89". (Presumo que isso signifique que Ellen havia prestado trezentas horas de serviço comunitário até então, mas posso estar errada; talvez ela ainda tivesse trezentas horas a cumprir.) A nota está anexada a um documento onde se lê:

No Tribunal Superior do Condado de Montgomery, Maryland
*Processo nº ******

Após análise da Petição do Acusado para Modificação ou Redução de Sentença, o Estado acatou a decisão do Tribunal, e tendo sido recebida comprovação de que ——— completou o período de sua liberdade condicional, é (...) ORDENADO que a decisão de culpabilidade da Ré neste caso, bem como a mesma por meio deste, seja EXPURGADA, e é ademais ORDENADO que seja registrada a conclusão da LIBERDADE CONDICIONAL no aguardo de Julgamento segundo o artigo 27, Seção 641, e é ademais ORDENADO que a liberdade condicional supervisionada, bem como a mesma por meio deste documento, seja TERMINADA e o caso encerrado, e é ademais ORDENADO que a audiência programada para 5 de agosto de 1989 seja removida do calendário do Tribunal.

Não acredito que o documento acima se referisse a Ellen. Acredito que dissesse respeito à mulher que foi condenada junto com ela, mas que foi enviado para Ellen para instigá-la a completar seu serviço comunitário. É curioso que a mulher que foi condenada junto com ela tenha sido a mesma que ligou para minha mãe para lhe dizer — nos dizer — que Ellen estava morta.

Há recibos de farmácias. Anoto os nomes das drogas e escrevo um lembrete para pesquisá-las. Meprobamate, para alívio imediato dos sintomas de ansiedade. Tenormin, um betabloqueador usado para tratar pressão alta e angina peitoral. Dyazide, um diurético tiazídico que não afeta o nível de potássio, usado para tratar a pressão alta e o inchaço devido ao excesso de retenção de líquidos. Wygesic, uma combinação de analgésicos usada para aliviar a dor. Premarin, estrogênios conjugados usados para reduzir os sintomas da menopausa. Imipramina, um antidepressivo tricíclico usado para tratar a depressão.

Só de passar os olhos pela lista me dá uma dor no peito. Talvez seu pai realmente tenha morrido de ataque cardíaco — seu avô materno morreu disso aos 53 anos. Seja lá o que tenha acontecido, parece ter sido complicado por seu estado emocional. Será que ela tinha pressão alta, será que ela tinha problemas de coração? "Foi tudo por causa daqueles malditos comprimidos para emagrecer", disse meu pai. "Não importava o que lhe dissessem, ela não parava de tomar remédio para emagrecer." Estava deprimida, angustiada e morrendo quando saiu do hospital e poderia ter sido salva.

Alguma parte disso é um choque para mim? Não exatamente. Os primeiros fatos que obtive sobre minha mãe vieram da detetive particular — curiosamente, uma mulher adotada que nunca tinha pesquisado a própria família biológica —, que disse: "Em resumo, ela foi indiciada e teve de sair da cidade." Nunca soube exatamente sobre o que ela estava falando, mas começa a fazer sentido. Encontro artigos sobre Ellen no *Washington Post* — histórias sobre suas práticas comerciais, que contam como ela e uma amiga dirigiam uma operação fraudulenta por meio da qual elas mudavam os registros de renda das pessoas, forjavam documentos fiscais e, sem o conhecimento dos clientes, os qualificavam para receber empréstimos maiores do que eles, de outra forma, seriam autorizados a pegar. No tribunal, Ellen admitiu falsificar documentos para hipotecas com um valor de dezenas de milhões de dólares e foi condenada a uma pena de 18 meses de prisão, que foi suspensa, três anos de liberdade condicional e quinhentas horas de serviço comunitário.

O que me surpreendia era como tudo isso parecia perdurar por anos e anos. A prisão e a condenação foram apenas a gota d'água. Nem tudo que ela fez foi ilegal, mas mesmo o que não era legal foi feito da maneira mais enrolada possível — não havia elegância nenhuma. Será que ela planejou essas coisas? Será que ela maquinava tudo isso? Será que ela tinha, de uma certa maneira, uma necessidade patológica de fazer negócios, acordos? Será que ela simplesmente não sabia fazer as coisas da maneira correta? Parecia que fazer as coisas da forma como se esperava que fossem feitas era fundamentalmente contra seu feitio. Há momentos em que acho que talvez ela tivesse sido uma espécie de Robin Hood e tudo bem, mas depois penso que não. A possibilidade de que seja patológico me faz desejar saber mais sobre seu pai. Escrevo para o FBI e solicito a ficha dele, respaldada na Lei de Liberdade das Informações, e acabo descobrindo que ela foi destruída em 1971, de acordo com regras governamentais referentes à armazenagem de documentos. Mas, pelo menos, isso confirma algo — havia uma ficha.

Minha mãe foi um tipo de Bonnie e Clyde — sempre em fuga. Uma Bonnie solitária sempre à procura de um Clyde, sempre procurando seu pai. E, da mesma forma como nos preocupamos com uma predisposição genética para a doença cardíaca, me preocupo com a predisposição genética para o jogo, para o desastre da meia-idade. Será que de repente vou me tornar uma criminosa? Penso nela em relação ao pai — o pai também teve um desastre profissional na meia-idade, não exatamente criminoso, mas certamente inadequado. O banco do qual era presidente faliu devido à má gestão por causa da concessão de privilégios indevidos — a diretoria do banco fez empréstimos a funcionários, a diretores e a seus parentes em detrimento de sua responsabilidade para com seus clientes. Pergunto-me se não foi o caso de eles se sentirem acima das regras que os juntaram. Eles eram espertos e tramavam juntos? Sentiam prazer com seu status de fora-da-lei? Achavam que poderiam escapar impunes, seja lá o que isso tenha significado? Penso em Ellen na meia-idade — uma mulher com problemas físicos e emocionais, se virando, vivendo sozinha em um tipo de versão pós-moderna da Atlantic City retratada no filme brilhante de Louis Malle de 1981.

E, no fim, quase após o fato, encontro uma carta fechada do Lar Hebraico de Greater Washington, em Rockville, Maryland, datada de 29 de março de 1989. Abro a carta e leio: "Não há palavras que possam expressar plenamente meus sinceros agradecimentos pelos presentes tão generosos enviados ao Lar Hebraico. Os computadores nos permitirão fazer nosso trabalho com mais eficiência e os residentes do lar também se beneficiarão deles." A carta continua acusando o recebimento da doação de quatro computadores, cinco monitores, cinco teclados e uma impressora. Surpreendo-me pensando se esse é um momento Robin Hood — ainda mais intrigante porque a carta nunca havia sido aberta.

* * *

Não há fotografias dela aos 17 anos, a idade em que meu pai a pediu em casamento. Nenhuma fotografia dela aos 22 anos, grávida de mim; nenhuma fotografia dela no hospital me segurando, me vestindo com a "roupa de ir para casa". Será que essas fotografias existem, estariam elas em alguma outra caixa que não encontrei? O que Ellen vestia na década de 1950, quando trabalhava para meu pai na Princess Shop? Afinal, aquela foi a época das imitações dos trabalhos de costureiros franceses — vestidos trapézios da Dior, vestidos tipo saco do Givenchy e a jaqueta quadrada da Chanel, o casaco amplo, perfeito para esconder uma gravidez. Será que ela gostava dos materiais novos e "modernos", com náilon, poliéster e acrílico? Usava sutiãs em forma de cone ou corseletes modeladores? Foi o tipo de adolescente que se vestia como adulta ou vestia longas saias evasê, meias soquetes e freqüentava drive-ins? O que ela pensava? Essa era a época da angústia atômica, de Perry Como, Dean Martin, Connie Francis e os penteados em colméia. Era a época das sirenes de ataque aéreo e abrigos anti-radioativos, da execução dos Rosenbergs e das audiências de McCarthy. Era Washington, D.C., na década de 1950, e era a aurora de minha mãe.

Eu esperava encontrá-la nessas caixas, encontrar uma descrição de sua infância, os jogos que jogava, pistas do relacionamento problemático com sua mãe e o que ela realmente sabia sobre seu pai, suas memórias, as bugigangas que ela guardava como talismãs para se proteger ou guiá-la. Eu esperava ter alguma idéia de como ela se via, quais eram suas esperanças e seus sonhos. Queria conhecer seus segredos.

Levo as caixas vazias para o depósito de lixo, dobro-as ao meio e as jogo dentro da lata de reciclagem — estou mandando a Ellen morta embora mais uma vez. Talvez ela retorne como guardanapos ou papel ou algum tipo de sacola de supermercado. Arremesso o arquivo de metal para dentro da lata de lixo. Ele cai pesado, o som explode como uma granada — todos se viram e olham. Não me importo. Jogo fora a velha correspondência, os pedaços de papel, os pedaços e fragmentos; guardo o suficiente para encher uma caixa — uma caixa para me lembrar. Coloco a caixa no carro e dirijo de volta para Nova York, onde ela aguarda em um canto do meu apartamento e, depois, uma vez mais, é enviada ao minidepósito.

Estou em 2005 e tudo que consigo pensar é que essa não é a maneira como uma mulher tão preocupada com a aparência gostaria de ser vista; essa não é a forma como a mulher com 32 batons Chanel gostaria de ser apresentada, mas essa é quem ela é e o que ela deixou para trás.

Imaginando minha mãe.

Penso em minha mãe e imagino uma mulher jovem que esperava mais. Penso em minha mãe e tento herdar sua experiência.

Na década de 1950, as damas ainda usavam chapéus e luvas, e os homens, sobretudos. Rapazes e moças se encontravam em eventos sociais, bailes organizados, sempre vigiados. Os homens esperavam ir para a universidade; as mulheres esperavam.

No colégio católico, as freiras disseram para Ellen pouco sobre sexo e muito sobre o pecado e tudo o que podia dar errado. Quase tudo já tinha dado errado para Ellen, mas ninguém sabia disso. Ela estava cercada por pessoas que não ligavam, e logo aprendeu que a fé não lhe renderia nada; na verdade, sua crença de que algo a salvaria a colocou em apuros. No colégio católico, se protegeu insistindo — pelo menos consigo mesma — em ser judia. Sua mãe era católica, seu pai era judeu e ela sempre se descreveu como a queridinha do papai.

Dinheiro para pequenos gastos. Sua mãe não tinha muito — tudo que tinha havia recebido de seu novo marido, e ela não queria compartilhar. Ellen conseguiu um emprego trabalhando na loja de vestidos — uma noite, fins de semana e feriados, um bom desconto. Ela gostava de trabalhar, gostava de agir como uma adulta, ajudando as senhoras a fazerem suas compras. Elas a tratavam da forma maternal como ela desejava que sua mãe a tratasse.

Ellen abriu uma conta bancária com a intenção de guardar a metade ou, pelo menos, parte do que ganhava. Ela tinha um futuro. O patrão lhe ofereceu uma carona para casa e ela aceitou. No carro, conversaram. De novo, o patrão lhe ofereceu carona para casa, ela aceitou, e ele perguntou se ela queria jantar com ele. E, de novo, o patrão lhe ofereceu carona para casa, levou-a para jantar e depois do jantar eles estacionaram o carro em algum lugar para conversar. Ela perguntou o que ele queria ser na vida, que sonhos tinha, e ele achou isso encantador. Ele parecia interessado nela, e ela achou isso encantador. Ela estava treinando com ele, sendo feminina e atraente. Ele considerou aquilo uma oportunidade. Imagine a confusão. Ele quer aquilo, mas não quer dizer o que é esse *aquilo*; ela não quer *aquilo*, mas não sabe como estabelecer um limite.

Onde começou? Num carro, num hotel, no fundo da loja, num lugar emprestado? O que ele disse para ela? Ele acreditava naquilo, ela acreditava nele? Com que freqüência aquilo acontecia? Será que ele achava que estava roubando algo, experimentando algo que não devia? Que parte dela ele mais apreciava? Imagine seu corpo recém-formado, fresco, tenro, perfeito. Imagine ele. Ela se preocupa com a possibilidade de ficar grávida? Ela ao menos sabe como as meninas ficam grávidas? Ele se preocupa com isso?

Este é o namoro deles. Ela fica esperando; fica esperando por ele, fica esperando enquanto ele está no trabalho, enquanto ele está com a família. Enquanto ela espera, faz travessuras; conta para suas amigas, certifica-se de que sua mãe descobrirá, pensa que é chique ser a jovem amante de um homem bem mais velho. Ela quer outra coisa, algo mais — mais do que ela o deseja —, mas o que ela consegue é sexo e, depois, ele vai embora. Ele a desfruta de maneiras que sua esposa nunca permitiria; obtém dela coisas que ele, de outra forma, nunca pensaria em pedir.

Os dois saem para beber — martínis, Gin ou Tom Collins, *mai tais*, Singapore Slings e outros nomes exóticos. Beliscam amendoins e comem costela de boi e salada de alface com molho de queijo azul de Maytag.

Ele se oferece para arrumar um lugar para ela morar sozinha — ela acha que eles formarão um lar, ele pensa em um lugar para ficar a sós com ela. Ela está pensando que essa é uma alternativa, uma forma de escapar de sua mãe — e do marido de sua mãe. Ela aceita desafiadoramente, metade com raiva, metade desejando que sua mãe a impeça, sabendo que não permitirá ser impedida.

Aos 17 anos, ela é dona de si mesma; está feliz por se afastar da frieza da mãe, dos anos de confronto, dos olhos e das mãos do padrasto.

— Ele é bom para mim. Ele se preocupa comigo — conta ela para a mãe.

— Ele não se preocupa com você... Os homens casados não se preocupam com meninas como você — diz a mãe.

— Ele está montando um apartamento para nós.

— Ele nunca vai largar a mulher dele.

— Ele vai casar comigo.

— Ele já é casado.

Ela começa a fazer a mala.

— Há algo de errado com você — diz a mãe.

— Você é o que há de errado comigo — responde Ellen.

— Eu mandaria você para um internato, mas agora que você está estragada, as freiras não vão aceitar você. Ninguém quer mercadoria usada.

A mãe agarra a mala.

— Essa mala é minha, eu nunca disse que você poderia usá-la.

Ellen pega sacolas de papel, sacolas de compras na cozinha. Coloca suas roupas dentro delas. Sua mãe mexe em suas gavetas e atira coisas em cima dela. Ellen vai até o sótão e encontra uma bolsa de viagem velha que tinha sido de seu pai. Mais tarde encontra um rato morto dentro dela, seco e enrugado. Enche suas bolsas com roupas, com as bugigangas de cima de sua cômoda, com bichos de pelúcia que o pai lhe deu há muito tempo. Dirige-se para a porta.

— Se você sair por essa porta, nunca mais vai poder voltar — grita a mãe.

Ele não está esperando por ela na porta; está com medo da mãe dela. Ele está no final da rua, na esquina. Ela desce a rua, deixando coisas caírem na calçada atrás de si.

O apartamento fica num edifício grande na Connecticut Avenue, um apartamento de quarto e sala, de fundos, com vista para outro apartamento. É "mobiliado".

De quem é a mobília? Da mulher que vivia lá antes — que finalmente se casou, que conseguiu um emprego em Ohio, que voltou para casa para morar com a mãe, que morreu sozinha de velhice aos quarenta anos. De quem era isso tudo realmente? Era uma mistura, o que as pessoas deixam para trás, o que ninguém quer.

Os dois se divertem juntos — ele pode brincar com ela, zombar e implicar de uma forma que nunca foi capaz de fazer antes. Era ele quem sempre havia sido o objeto de chacota. Ela tolera isso porque é familiar, e ela lhe devolve em dobro. Ele a ensina a dirigir — ele caçoa dela, ela fica zangada, e ele ri ainda mais.

Quando ele não está lá, ela dorme com os bichos de pelúcia que trouxe de casa.

É incrivelmente sossegado. Ela tem um rádio e depois uma televisão de segunda mão, e, mais tarde, um telefone. Há alguns pratos que não combinam uns com os outros nos armários da cozinha, coisas que ele pegou do sótão da casa da mãe dele, alegando que eram para as crianças brincarem ou que precisava em casa. Há tapetes de crochê no chão — tudo um pouco tosco, um pouco escuro e deprimente, um eco da Segunda Guerra Mundial, mas ela compra plantas e, às vezes, recebe flores e se sente adulta, uma mulher com casa própria. Ela dorme com a luz acesa. Se alguma de suas amigas de colegial ficam para dormir — elas mentem que estão indo para a casa de outra pessoa —, elas torram *marshmallows* no forno, comem doces no jantar e vão ao cinema e tomam café no desjejum. Há outras vezes em que ela vai para a casa de uma amiga e se lembra do que a maioria das meninas, das outras meninas, estão fazendo: vivendo em casa com suas mães e pais, jantando na sala de jantar, vestindo roupas que são lavadas e passadas para elas, sentindo-se protegidas. As mães sentem dó dela e se preocupam com o fato de ela poder exercer uma má influência sobre suas filhas. Ela vai ao zoológico, pega o ônibus para o centro da cidade e trabalha na loja de roupas.

Os dois formam um par perfeito, exceto pelo fato de que ele já é casado e não vai se divorciar da mulher, e ela já está com os nervos à flor da pele. São duas pessoas que perderam suas infâncias, duas pessoas cujos pais os abandonaram de uma forma ou de outra, duas pessoas um tanto perdidas. Imagino-a entretendo-o, seduzindo-o e zombando dele. Imagino-o sendo paternal, calmo e equilibrado. Imagino os dois bebendo e se esbaldando. Imagino-o se desculpando, tomando banho e indo para casa. Imagino-a ficando zangada e descontando nele. Ela é dramática, uma atriz.

Imagino-a em suéteres de caxemira. Imagino seu corpo novo inteiramente imaculado. Imagino os dois se descobrindo simultaneamente. Imagino-os saindo para noitadas. Vejo um certo ar de superioridade e bravata.

E, por vezes, ele não tem tempo — sua mulher precisa dele, seus filhos precisam dele. Às vezes, ele traz um de seus filhos. Seu filho mais velho espera na sala de estar enquanto eles falam em particular por alguns minutos no quarto; a conversa envolve risinhos e suspiros. E depois ele conta a ela que não consegue mais continuar assim; é muito duro para a família dele. Ele lhe diz que está falando sério dessa vez.

Ela chora. Pensa que vai morrer. Está certa de que vai morrer, se sente enjoada, sente dor no peito. Fica acordada a noite inteira. Ela bebe. Liga para um amigo dele, um amigão — ela não consegue suportar a solidão.

Ele volta, promete que em breve será só dela. Ela finge que não vai aceitá-lo de volta, finge que se apaixonou pelo amigo dele. O amigo lhe dá algum dinheiro; e também lhe dá algo que coça.

Ela está só. Sai às tardes para se vingar dele, para lembrar a ele que ela está sozinha e que ele é casado e tem filhos. Os homens pagam-lhe bebidas, às vezes pagam o jantar. Ele fica irado. Ele tenta estar em dois lugares ao mesmo tempo. Sua mulher descobre e lhe diz que a garota não pode continuar trabalhando na loja.

Quando está sozinha, ela come sanduíches de manteiga de amendoim e geléia e esvazia as garrafas de bebida que ele deixou por lá. À noite, quando está dormindo, ela às vezes ouve o barulho dos homens que trouxeram seu pai para casa, ouve suas vozes, o barulho de seus passos. Ela lembra de estar dormindo quando aquilo aconteceu, de acordar, de ficar com medo de abrir a porta. Lembra de espiar pelo buraco da fechadura, de ver o braço de seu pai pendente. Lembra de ficar apavorada.

A mulher dele lhe disse para parar. Ele disse à mulher que tudo estava acabado. Ele diz a Ellen que tudo acabou. Ele age furtivamente. Ele está zangado com ambas por quererem demais, por quererem mais, por quererem tudo.

Há momentos em que ela quer deixá-lo. Ela lhe diz que encontrou uma outra pessoa — isso é um pouco verdade. Ela tenta, procura substituí-lo, mas isso nunca dura muito. Ela passa o tempo com amigos dele; talvez eles tenham mulheres, talvez não. Uma vez, ela passou a noite com um amigo e a mulher dele.

Imagino Norman furioso e com ciúmes.

Ellen e a mulher dele estão na mesma festa de feriado. Uma vê a outra, uma sabe quem é a outra. Ele está lá com a mulher e ignora Ellen — ou tenta. Ela bebe demais e vomita no tapete novo, verde como o mar, da sala de jantar. Alguém tem de levá-la para casa.

— O que ela estava fazendo lá?

— Ela foi convidada.

— Ela devia ter juízo.

— Ele devia ter juízo.

Rosto enrubescido.

O que ela está pensando? Ela quer ser uma menininha, quer ser cuidada, amada, pensa que a mulher dele poderia tomar conta dela se quisesse. É uma idéia estranha, mas faz bastante sentido para ela — ela quer fazer parte de uma família.

E então ela fica grávida.

Será que ela sabe que está grávida ou alguém precisa lhe dizer?

Será que ela relata os sintomas para uma amiga, que lhe diz "você está grávida!"?

Será que ela vai ao médico pensando que está doente?

Será que ela sabe que a mulher dele também está grávida?

Ela espera para contar a ele. No dia que ele liga pra dizer a ela que a mãe dele morreu, ela deixa escapar: "Vamos ter um filho." Ela não planejou fazer isso dessa maneira exata, mas simplesmente aconteceu.

Ela acha que é uma notícia boa, que isso o fará feliz, que agora finalmente eles ficarão juntos.

Ele fica mudo.

A mãe dele está morta, a mulher dele está grávida e agora ela também.

O que supostamente seria um momento que os uniria de maneira inexorável — compartilhar a dor da perda da mãe, compartilhar a novidade do bebê a caminho — é insuportável.

Ela está zangada com ele por não ficar satisfeito. Ele está zangado com ela por não ter tomado mais cuidado.

Eles brigam.

Ela está zangada consigo mesma e está zangada com o mundo, com razão. Ela está zangada com o bebê?

Ele a manda para a Flórida, prometendo ir depois. Ela espera por ele; ele nunca aparece. Quando ela volta para Maryland, eles alugam um apartamento; ele fica lá por quatro dias antes de voltar para casa.

Ele se oferece para sair com ela para comprar coisas para o bebê.

Sua mulher descobre que ela está grávida e declara guerra.

Em algum momento, ela conta para a mãe ou talvez a mãe simplesmente percebe. A mãe olha para ela e diz: "Você está grávida, não está?"

Ela faz que sim com a cabeça, desejando que alguém tivesse alguma coisa boa para dizer. Ela gosta de estar grávida, gosta de sentir o bebê crescendo dentro dela, mas não tem a mínima idéia do que fazer. Ela fala com o bebê, pergunta ao bebê: "O que devo fazer?"

Mais adiantada na gravidez e agora sem conseguir encontrar emprego, ela se muda para a casa da mãe, que se divorciou do segundo marido.

No fim, em trabalho de parto, ela está sozinha no hospital. E ainda mantém a fantasia de que ele virá, que ele mudará de postura e correrá para o seu lado. Ela tem vontade de ligar para ele. Centenas de vezes ela deseja pedir às enfermeiras para ligar para ele.

"Onde está o seu marido?", pergunta alguém e ela chora histericamente.

O bebê é lindo. As enfermeiras a incentivam a não segurar o bebê. "Afinal, você nunca mais o verá", diz uma delas.

* * *

— Você está inventando tudo isso — diz alguém para mim. Talvez sim e talvez não. Certamente estou imaginando tudo isso. A única outra opção é alguém me contar como foi, o que realmente aconteceu.

Penso em Ellen e Norman antes disso, imagino-os na primavera dirigindo pela margem do rio Potomac, em Washington, D.C., em um poderoso Cadillac conversível azul, o rádio tocando, vento soprando os cabelos e pensando: "É isso aí, isso é que é vida."

Claire Ballman

A antropóloga eletrônica

Jewel Rosenberg

Sinto-me compelida a buscar mais informações. Sempre soube de coisas que eu não sabia que sabia. Pedaços não identificados passavam por minha mente como se estivessem em algum lugar entre o sonho e a realidade, mas agora quero entender o que eu sei e por quê.

No século XXI, a pesquisa pelas raízes é decididamente diferente do que foi em um passado tão recente quanto o final da década de 1990. Agora, tudo está na internet — Google, Ancestry.com, RootsWeb e JewishGen. Envolve fóruns de discussão online e árvores genealógicas submetidas por usuários, tudo muito distante dos dias em que bastava puxar a Bíblia da família e verificar os nomes escritos na frente, quando primos viviam na vizinhança, quando você se sentava e conversava com idosos que, mesmo que não fossem seus parentes, haviam conhecido sua família intimamente por gerações.

Na internet, alguém pode, em questão de segundos, localizar aquilo que foi há muito tempo perdido e montar um retrato da família criado a partir dos pedaços de informações que flutuam de forma aleatória, como átomos fragmentados, como moléculas quebradas desesperadas para se reconectarem. Cada pista leva a uma outra; primeiro, você descobre que há diversas versões da pessoa que você está procurando — as erradas, as quase certas e, depois, *a* pessoa.

A pesquisa genealógica é hoje um dos passatempos mais populares nos Estados Unidos; de certa forma, parece mais um esporte, colecionar ancestrais como cartões de beisebol. É também uma maneira de viajar no tempo sem sair do lugar — é feito de forma solitária, em horas estranhas, em um mundo virtual —, e ainda envolve se conectar, retomar contatos. E vicia. Passo horas a fio nisso, uma Sherlock Holmes do século XXI, tentando fazer essa era da informação funcionar a meu favor. Pago duzentos dólares para me associar ao Ancestry.com. Compro pacotes eletrônicos de artigos dos arquivos do *Washington Post.* Toda hora preciso digitar as informações de meu cartão de crédito — compro às cegas qualquer coisa que possa ser relevante.

* * *

Começo com os pais do meu pai. Não conheço seus nomes, sei apenas que minha mãe disse a meu pai que ela estava grávida no dia em que a mãe dele morreu; portanto, acho que deve ter sido por volta de 1961. Faço uma busca nos arquivos do *Washington Post* e lá está ela, minha avó Georgia Hecht, falecida em 11 de abril de 1961. (Não faz muito tempo, em minha coletânea de histórias *Things You Should Know*, escrevi sobre uma mulher solteira que fica grávida. Ela dá o nome de Georgica à criança. Consciência ou coincidência?)

Cada vez que localizo algo — um detalhe, um fato, um fragmento de informação perdida —, tenho uma sensação de ter achado a peça que encaixa corretamente. Algo se ilumina. Bingo! Temos um ganhador! E, por um momento, tudo fica claro e, depois, com igual rapidez, dou conta de que ainda, sempre e para sempre haverá uma porção enorme que permanecerá um mistério.

O pai do meu pai é mais difícil. Antes de encontrá-lo, localizo os pais da mãe dele. Coloco o nome de Georgia Hecht em uma busca no censo de 1930 e a encontro morando com meu pai, que tem cinco anos, na casa dos pais em Washington, D.C. Agora, não apenas tenho seu nome de solteira — Slye —, mas tenho sua mãe e seu pai, minha bisavó e meu bisavô, Mary Elizabeth Slye e Chapman Augustus Slye. Descubro que Chapman A. Slye era capitão de navio a vapor e também descubro, em seguida e rapidamente, uma dezena de tias-avós e tios-avós.

Em uma semana, rastreio a família Slye até chegar em George Slye, nascido em Lapworth, Warwick, Inglaterra, em 1564. Localizo Robert Slye, nascido em 8 de julho de 1627, na Inglaterra, que se mudou para os Estados Unidos e, em 1654, foi nomeado um dos comissários parlamentares responsáveis por governar Maryland sob o comando de Oliver Cromwell, chefe de Estado da Inglaterra. Ele também foi presidente da Câmara Baixa da Assembléia Geral de Maryland, capitão da Milícia Colonial do condado de Saint Mary e serviu como juiz do tribunal do condado de Saint Mary. Linda Reno, uma pesquisadora extremamente generosa que encontrei na rede, encaminha uma nota histórica mostrando que, em 24 de abril de 1649, um tribunal em Hartford, Connecticut, multou Robert Slye em dez libras-peso de tabaco por trocar uma arma de fogo com um índio.

* * *

Estou no arquivo do *Washington Post* procurando os Slyes, e lá — escondido no obituário datado de 25 de janeiro de 1955 de Mary Elizabeth Slye, mulher do falecido capitão Chapman A. Slye, mãe da "sra. Irving Hecht" (ou seja, Georgia Slye) — está a informação que procuro: Irving Hecht, o pai do meu pai. Tento encontrar Irving Hecht no censo e não consigo; é como se ele estivesse ausente naquele dia de 1930 em que todas as pessoas foram contadas. Quem era ele? Onde ele estava? Quais foram as circunstâncias que o afastaram da mulher e do filho? Qual era sua profissão?

Uma vez iniciada, a pesquisa torna-se urgente; fico acordada até tarde navegando, conectando os pontos virtuais. De repente, há informações sem as quais não consigo viver. Localizar Irving Hecht demora várias horas, mas quando encontro seu obituário — quinta-feira, 5 de julho de 1956 — também encontro seus irmãos, Nathan, de Nova York, e Arthur S., de San Francisco, meus tios-avós!

E, à medida que encontro as pessoas certas, com a mesma rapidez também encontro outros que são certos por um tempo e, depois, acabam se revelando errados. Por um longo tempo, estou certa de que um dos Harry Hecht é meu avô e, em seguida, antes de encontrar o Irving Hecht certo, encontro o Irving Hecht errado, vivendo com a mulher, Anna, e o filho pequeno, Bertram, no Brooklyn, em 6 de janeiro de 1920. A cada descarte surge um sentimento persistente de que estamos todos invariavelmente interconectados, somos todos responsáveis por todos, e que nenhum Hecht é nem mais nem menos interessante do que o próximo. Tendo saído de uma posição de não ter história, ter qualquer história, mesmo que seja a história errada, é fascinante. Toda vida vivida é interessante.

Laços sangüíneos — percebo-me cada vez mais interessada em estranhos que não cheguei a conhecer, nas relações consangüíneas que se desvelam diante de mim. Percebo que não estou tão motivada em pesquisar a história da mãe e do pai com quem cresci e não tenho certeza da razão. Será que é porque já os conheço e sinto que são minha família, ou há algo único, do ponto de vista psicológico, sobre descobrir essa nova narrativa biológica? Não há como escapar do fato de que o que encontro ressoa em mim; há o zunido de identificação, uma sensação de completude e bem-estar. Em um nível celular, faz sentido, combina. E, ao mesmo tempo, há um tipo de contradição, um desafio para quem eu penso que sou, como me sinto a respeito de mim mesma. A melhor maneira como posso descrever esta experiência, a qual escapa à linguagem convencional, é dizer que acho que é como a diferença ou dissonância entre o eu biológico desconhecido ou latente em que cheguei e o eu adotado e adaptado que me tornei. Olhar e pesquisar despertam pontos até então adormecidos, labirintos em minha própria experiência, em minha capacidade de processar. Tenho um sentimento de superexcitação peculiar e, em outros momentos, uma depressão avassaladora. Continuo a pesquisar, pensando que se eu consumir informação serei capaz de habitá-la, me sentirei mais completa, não percebendo que talvez o exato oposto também seja igualmente possível.

O desejo de conhecer a si mesmo e sua própria história não é sempre igual à dor que as novas informações causam. Às vezes, tenho de diminuir o ritmo para acomodar um eu que está constantemente lutando para se atualizar, para se recalibrar. Vou para cama à meia-noite e às duas da manhã me encontro na escrivaninha me conectando novamente. No meio do dia, tiro um cochilo. Meu cérebro está constantemente reembaralhando os arquivos e organizando e acomodando as novas informações. Por um lado, quero conhecer minha história e, por outro, é perturbador tomar conhecimento de tantas vidas e perceber que a maioria de meus ancestrais, se não todos, ignoram por completo minha história e/ou até mesmo minha existência. Há uma parte de mim que se ressente de precisar trabalhar tão duro para localizar informações que eles tiveram em suas mãos todo esse tempo, informações que estão à sua inteira disposição.

Estou examinando os registros dos Slyes do condado de Saint Mary, os quais eram proprietários de outras pessoas e que as vendiam ou as descartavam. Estou olhando para esses primeiros colonizadores e me perguntando: o que eles estavam pensando? Por que, vindos de tão incrível privilégio, não tiveram mais sucesso em suas vidas? Chegaram aqui primeiro, vieram com terra, trabalho e poder, e o que acabaram construindo? Por que nenhum deles se tornou presidente ou administrou uma grande empresa? Por que não construíram uma estrada de ferro ou descobriram a eletricidade? Por que não montaram uma fundação com fins não-lucrativos ou um fundo filantrópico? Estou frustrada com eles por terem desaparecido na história. Penso muito sobre responsabilidade — eles assumiram responsabilidade por quem eram e pelo que fizeram? Que tipo de pessoas eram? E por que isso significa tanto para mim? Por que tenho necessidade de que eles sejam bons? Mais do que bons, por que preciso que eles sejam brilhantes?

Aquelas são minhas almas.

Vou aos arquivos municipais da cidade de Nova York, na Chambers Street, nº 31. Para entrar, tenho de me identificar, dizer por que estou ali, pegar uma autorização e depois passar por detectores de metais. Sou parada porque, em algum lugar de minha bolsa, há uma pinça de sobrancelha. Deixo-a no balcão. Na sala 103, registro minha chegada e pago cinco dólares para usar a máquina de microfilmagem. O pessoal que trabalha lá sempre esteve lá — os funcionários conhecem o conteúdo de cada gaveta de metal, conhecem o sistema Soundex de organização de informações, a diferença entre uma certidão de casamento e uma licença de matrimônio. Sabem como encontrar tesouro enterrado, mas ficam irritados quando têm de responder a perguntas. É como o episódio do seriado "Táxi", sobre um funcionário público, com Danny DeVito interpretando o funcionário hostil atrás do balcão.

No entanto, há uma beleza inegável nas coisas encontradas nessa sala — rolos e rolos de microfilmes, imagens de vidas vividas há muito tempo, documentos escritos em uma grafia de Velho Mundo e de legibilidade variável. Vasculho os rolos primeiro devagar, não desejando andar muito rápido, não querendo perder ninguém, sentindo que cada um deles merece uma visita, uma avaliação.

A sala está repleta de gente, cada uma montando seu quebra-cabeça particular, e a primeira coisa que me ocorre é que essas pessoas não são todas adotadas; portanto, o que estão procurando? Lembro-me de que a questão "Quem sou eu?" não interessa apenas aos adotados. Nesta sala, todos estão procurando por algo que os ajudará a confirmar ou a negar parte do que acreditam sobre si mesmos. Estão procurando por confirmação, por apoio, por definição. Estão mergulhados nisso, soterrados por nomes, datas, códigos, mas a maioria também está disposta a ajudar. Alguns oferecem pistas úteis, enquanto outros contam suas histórias. Pergunto com freqüência:

— Há quanto tempo você está fazendo isso?

— Sete anos — responde-me uma mulher.

— Começou como um passatempo, um presente de aniversário para meu marido — responde outra.

— Começou quando meu pai morreu — disse-me outra mulher. — Você já tentou os italianos? Eles guardam bons registros, até mesmo sobre judeus.

Outra mulher se debruça e sussurra: "Você já esteve em Salt Lake City?" Salt Lake é "a montanha", a Meca da informação genealógica, lar dos mórmons, que saem pelo mundo coletando dados genealógicos. A cada mês, eles acrescentam de cinco a seis mil rolos de microfilmes às suas coleções. Desconhecida pela maioria da população, a razão de a Igreja Mórmon ter tais registros genealógicos maravilhosos é que ela está coletando pessoas — os mórmons esperam determinar a genealogia de todos no mundo para prepará-los para a conversão póstuma. Basicamente, estão transformando os mortos em mórmons — batismo por procuração. Eles têm um ritual de purificação por meio do qual reivindicam você como sendo deles. Isso causou indignação na comunidade judaica porque os mórmons pegaram as informações das vítimas do Holocausto — pessoas que foram mortas por causa de sua religião — e as tornaram mórmons. Em 1995, a Igreja Mórmon disse que honraria um acordo para parar os batismos por procuração de vítimas do Holocausto e de outros judeus mortos, e, no entanto, eles continuam. "E estão fabricando mais mórmons a cada dia. Eu fui uma vez por duas semanas", contou-me a mulher. "Foi um paraíso. Pense nisso", acrescentou ela.

Há o zumbido mecânico das máquinas, justaposto ao silêncio quase total no qual todos trabalham — é difícil se concentrar.

Repetida e ansiosamente perco o rumo do que estou fazendo. Um sujeito de camisa branca está dominando os arquivos; ele mantém várias gavetas abertas, seus braços estão cheios de rolos e está bloqueando o caminho. A regra é um rolo por vez — pegue-o, examine-o e devolva-o —, o que torna mais difícil arquivar o rolo no lugar errado na hora da devolução.

— Com licença — digo —, só pode um rolo de cada vez. — Ele me ignora. — Com licença — tento novamente.

— Só um minuto — resmunga ele, procurando na gaveta.

Empurro a gaveta com a perna, ameaçando fechá-la com a mão dele dentro.

— Com licença... Seu falecido por acaso é mais importante que o de qualquer um aqui?

Encontro certidões de casamento de David e Rika Hecht, meus bisavós paternos, ambos nascidos na Alemanha, e com cada um surgem os nomes de seus pais, meus tataravós: Nathan Hecht e Regina Grunbaum, e Isaac Ehrenreich e Rosa Steigerwald. Dentro de uma hora, tenho as certidões de nascimento de Irving (nascido sob o nome de Isaac), Arthur Samson e Nathan — meu avô e tios-avós.

Localizo Moriz Billman, nascido em Gomel, Rússia, em 1846, que migrou para os Estados Unidos em 1888, com a segunda esposa e os filhos de dois casamentos, e que, mais tarde, solicitou a cidadania americana como Morris Bellman, da Bergen Street, nº 466, no Brooklyn. Encontro Billmans que viraram Bellmans e depois Ballmans. Consigo uma cópia da certidão de casamento de meu avô materno, Bernard Bellman, com minha avó materna, Clara Kahn, e descubro que Bernard fora casado antes e, em 1925, divorciou-se de uma mulher chamada Margaret R. Bellman. Seus filhos — minha mãe e seu irmão — sabiam disso? Houve outros filhos desse primeiro casamento? O homem no balcão me diz que, se eu tiver curiosidade, posso procurar no sétimo andar. Se o divórcio foi registrado na cidade de Nova York, é possível que eu o encontre lá.

Com cada nome e data vêm imagens. Começo a compor quadros mentais de quem eles eram — quem eu poderia ser. Sou neta de uma bela sulista inglesa. Sou neta de um imigrante romeno-francês. Sou neta de uma camponesa lituana, neta de um anotador de apostas russo, neta de uma irlandesa. Sou a filha adotiva de um orientador vocacional e de uma artista de esquerda, e a filha biológica de um adúltero descarado e de uma menina obstinada, uma menininha perdida.

* * *

Retorno no tempo, atravessando um riacho de água transparente. Sou proprietária de uma grande fazenda, sou o capitão de um navio. Sou uma mulher em um longo vestido branco, meu cabelo encaracolado preso em cima de minha cabeça; estou sentindo o calor do verão — a umidade do sul, o ar denso e estagnado da tarde, a aproximação de tempestades de relâmpago. Imagino ser um capitão de navio e beber taças de vinho cor de sangue. Esse é o material de poemas e sonhos febris. Sou descendente da casa-grande de uma grande fazenda escravagista e posso dizer que estive a par disso por todo esse tempo em algum nível pré-consciente. Fico imaginando as vidas dos serviçais e escravos — alguns dos quais tinham os mesmos nomes das pessoas que estou procurando. Quando foram libertados e para onde foram?

* * *

O que ficou claro é que tudo isso envolve narrativa — a história contada. Não consigo escapar da incongruência de como aconteceu que eu, uma pessoa sem passado, tornei-me uma romancista, uma contadora de histórias que trabalha com base em minha imaginação, para criar vidas que nunca existiram. Cada família tem uma história que é contada para si mesma — e que passa para os filhos e os netos. A história cresce ao longo dos anos, muda; algumas partes são realçadas, outras, descartadas, e há, com freqüência, diferenças de opinião sobre o que realmente aconteceu. Porém, até mesmo com esses lados diferentes da mesma história, há ainda uma concordância de que essa é a história da família. E, na ausência de outras narrativas, ela se transforma no mastro em que a família pendura sua identidade.

Quando crianças, somos todos crédulos por natureza. Não nos ocorre questionar a narrativa da família; a aceitamos como fato, não reconhecendo que é uma história, uma ficção colaborativa com múltiplas camadas. Pense nas variações, nas implicações em termos de tempo, lugar, status social e estrutura. Você é de Topeka e sua família mora lá há cinco gerações; seu avô foi um pastor; sua avó, metade índia. Ou sua avó é de uma pequena vila na Itália; veio para cá após sua família inteira ser morta em uma avalanche de cinzas vulcânicas quando o monte Vesúvio entrou em erupção. Sua mãe já foi casada uma vez e teve uma filha que entregou para adoção — em algum lugar você tem uma irmã. Sua mãe estava andando uma noite e alguém a pegou por trás — e o resultado foi você.

Subo de elevador até o sétimo andar. O cheiro de papel antigo atinge você assim que a porta do elevador abre; os corredores estão cheios de prateleiras de metal, apinhadas de papéis, arquivos precariamente empilhados que ameaçam despencar e desabar no chão. Essa é a história de Nova York, a história dos Estados Unidos — e é como se eu estivesse mergulhada em um filme dos irmãos Coen.

É uma sala na qual mesas encostadas umas nas outras formam um quadrado no centro. Há jornais atuais e não tão atuais sobre a mesa e pessoas estão sentadas ao redor, sem fazer nada — não tenho certeza se elas trabalham aqui ou se são pessoas que não têm para onde ir. Talvez esse seja um ambulatório da história; talvez as pessoas estejam cumprindo um certo tipo de "pena". Há uma falta de ar, da passagem de minutos, horas e anos. "Onde encontro um divórcio da década de 1920?", pergunto para a sala como um todo. Um homem se anima: "Talvez lá no catálogo de fichas", diz ele, indicando um canto com a cabeça. Há arquivos de metal imensos, com fichas referentes a cada processo arquivado. Próximo ao catálogo de fichas há um cofre de metal. Curiosa, forço para abrir a porta. Livros velhos suspiram e folhas de papel em decomposição caem pelo chão, derrubando o que parece serragem — ou palha do ninho de um rato — no chão. Fecho a porta com rapidez e volto para o catálogo de fichas. De novo, estou fazendo um vôo cego, procurando tudo e qualquer coisa com qualquer nome de minha lista — Hecht, Bellman, Ballman, Billman.

— Que tipo de caso é esse? — pergunto, mostrando ao homem a ficha referente a "Hecht vs. *In Re*".

— Ah, isso deve ser interessante — me diz o funcionário. Ele está falando sério ou sendo sarcástico? — Em geral, um caso *In Re* significa que alguém era menor de idade ou então não podia se representar.

A própria frase, "*In Re*", me atrai. Canto para mim mesma: "Ré, que anda para trás..."

— Se você quiser os arquivos, terá que preencher um formulário de solicitação. Os casos antigos estão armazenados em outro lugar.

— Maravilha, onde está o formulário?

— Na Chambers Street, nº 60, sala 114.

* * *

A Chambers Street, nº 60, é impossível de ser encontrada, mesmo que esteja, em teoria, muito próxima. As ruas estreitas do Baixo Manhattan são dominadas por edifícios monstruosos — alguns incrivelmente velhos, e outros, fortalezas mais modernas. Entre os prédios, há patrulhas de policiais com metralhadoras em punho — esse é o nosso novo mundo, pós-11 de Setembro, e parecemos acreditar que patrulhas armadas nos trazem segurança. Há uma prisão no local e uma mulher em pé monta guarda do lado de fora com um colete à prova de balas e uma arma enorme.

— Com licença, onde fica o nº 60 da Chambers Street?

Ela responde:

— Não faço a menor idéia.

E, em um instante, descubro que é bem do outro lado da rua e fico pensando que deve haver um problema quando um guarda não sabe onde está e não parece se importar com isso — sobretudo se precisar dizer a alguém onde uma pessoa estava ou que caminho tomou.

A dissonância é chocante — de um lado, há a muralha de Jersey, os homens e as mulheres com armas, o banho luminoso da luz de verão, o calor escaldante, e dentro, o cheiro de velho, do mofo e da sujeira e de coisas intocadas por cinqüenta anos.

Estou muito deprimida, consciente do quanto sou solitária e da loucura de fazer essa pesquisa — ninguém se importa. Seja lá o que eu encontrar, serão informações apenas efêmeras, de relevância mínima. Penso nos papéis que foram soprados do Baixo Manhattan para o Brooklyn quando as Torres Gêmeas caíram, notas queimadas das escrivaninhas das pessoas, e como as pessoas se agarravam a esses pedaços como se eles guardassem segredos do mundo, da criação.

Na Chambers Street, nº 60, o guarda na porta com detector de metais me barra e confesso que tenho uma pinça na bolsa. Ele não se importa. Tudo o que quer saber é: "Seu celular tem câmera?" Não. Lá dentro, faço meus pedidos. É meio-dia. Estou exausta.

Do meu apartamento, venho trocando e-mails com estranhos e com parentes que conheci em toda a minha vida. Aproximo os parentes adotivos um pouco mais. Tenho a sensação de pertencer à minha família adotiva mais do que quando era criança. Esse sentimento se origina do fato de eu ter compartilhado a experiência de crescer dentro de uma narrativa que, embora do ponto de vista biológico não seja a minha, é minha agora do ponto de vista social e cultural. Escrevo para os parentes de minha mãe adotiva em Paris e Londres. Deles, coleciono histórias da fazenda leiteira de Jacob Spitzer, na Trilha Mohawk em North Adams, Massachusetts — o cachorro, a vaca, os cavalos Nigger e Dick. Há histórias sobre seus filhos (os tios-avós e tias-avós com quem cresci). Lena, Henry, Helen (que morreu em 1912 de disenteria aos 14 anos), Maurice, Samuel, Solomon (conhecido como Charlie), Harold, Doris e minha amada avó Julia Beatrice.

Reúno informações sobre Simon Rosenberg e Sophie Rothman, meus bisavós maternos adotivos, nascidos na década de

1870, em Braila, Romênia, uma cidade no Danúbio. Meu avô, Bernard, seu filho mais velho, nasceu lá em 1896, mas em 1898 a família já havia se mudado para um apartamento na Rue Vieille du Temple, nº 64, no bairro do Marais, em Paris. Na França, foram proprietários de uma bem-sucedida fábrica de chapéus e tinham uma família muito grande. Entre meus tios-avós e tias-avós está Rachel, que morreu queimada aos três anos quando as crianças foram deixadas em casa sozinhas e seu vestido pegou fogo — meu avô e seu irmão tentaram sem sucesso apagar o fogo. Entre os outros filhos havia Joffre (que morreu aos seis anos), Raymond, Etienette, Henriette (que viveu por seis dias). Adele, Maurice e Julien (ambos mortos em Auschwitz), Emmanuel (que morreu de ferimentos na Segunda Guerra Mundial) e outro irmão, Leon. Em 1972, quando meu avô morreu em Washington, ganhei dois de seus chapéus, um de inverno e outro de verão. Elegante e discreto, ele nunca saía de casa sem chapéu. Aos 13 anos, visitei Paris e conheci Adele e Etienette. Fomos à Rue Vieille du Temple, nº 64, e o nome da família de meu avô ainda estava na campainha da porta, mais de cinqüenta anos depois do fato.

Por meio do meu pai adotivo, várias tias na Flórida e um primo que mora a dez quarteirões de minha casa em Nova York, junto pedaços da história de meus avós paternos adotivos — Jacob Homes e Minerva Katz. Em toda a minha infância, eles nunca falaram de seu passado — eu os conhecia apenas como pessoas muito trabalhadoras e que gostavam de frutas cozidas e pão doce com queijo. Jacob Homes (Homelsky) nasceu na Rússia, em 1892, e tinha três irmãs e um irmão. Em 1910, ele andou da Rússia até a Finlândia e arrumou um emprego em um barco, que o levou primeiro para o Canadá e depois para a Filadélfia, onde juntou dinheiro suficiente para trazer sua mãe e seus irmãos para esse país. Em 1916, conheceu Manya Kvasnikaya (Minerva Katz), originária de Ekaterinoslav, na Rússia.

Minerva, a mais nova das filhas de uma grande família, foi um bebê temporão, rejeitada por seus pais e praticamente criada por sua irmã mais velha. Estudou por dois anos em uma escola russa e depois teve aulas com alguém enquanto ficava sentada em cima de um barril de picles, no quiosque de arenque da irmã. Em casa, Minerva dormia em cima do forno, em uma cama de palha.

Quando adolescente, Minerva viajou para os Estados Unidos com a irmã e o cunhado e se estabeleceram no norte de Nova Jersey. Ela trabalhou como caixa em Atlantic City, freqüentou a escola até a sexta série e, mais tarde, viveu na Filadélfia com uma mulher que vendia produtos para imigrantes. Lá, Minerva dormia em uma tábua em cima da banheira.

Na Filadélfia, Jacob Homes era entregador de carne de um açougue e costumava fazer entregas para a casa onde Minerva vivia — ele gostava dela porque ela sabia ler e escrever. Eles se casaram; o primeiro filho morreu ao nascer. Em 1918, Joseph Meyer Homes, meu pai adotivo, nasceu, e em seguida nasceram suas cinco irmãs. Ninguém se lembra se o pai de Jacob migrou para este país, mas todos crêem que ele morreu em um acidente, atropelado por uma carroça.

Em 1929, quando eles viviam em Nova Jersey, o açougue da família pegou fogo e então se mudaram para Washington, D.C., onde vivia o irmão de Minerva. Lá, Jacob encontrou um reservatório em uma pilha de ferro-velho, encheu-o de gasolina e o levou para a feira de fazendeiros, vendendo gasolina em baldes de cinco galões para os fazendeiros usarem em suas viagens de volta para casa após a feira. Jacob progrediu vendendo gasolina nas ruas por dez centavos o galão e fez crescer o negócio que viria a se tornar a companhia Homes Oil.

Foi apenas quando comecei a fazer perguntas sobre a história da família que meu pai adotivo me contou uma das histórias estranhas de sua juventude — um momento em que sua história pessoal esbarrou em um momento particularmente terrível e hoje esquecido da história americana. Em julho de 1932, ele trabalhava no posto de gasolina de seu pai, na Maryland Avenue, em Washington, D.C., quando os generais Douglas MacArthur e George S. Patton lideraram quatro tropas de cavalaria, quatro tropas de infantaria, um esquadrão equipado com metralhadoras e seis tanques em uma missão ordenada pelo presidente Hoover para tirar os integrantes da "Passeata do Bônus" da cidade. Soldados a cavalo com baionetas expulsaram os manifestantes — veteranos da Primeira Guerra Mundial — de suas barracas improvisadas. Homens e animais atravessaram correndo o posto de gasolina. Meu avô agarrou meu pai e o puxou para um lugar seguro. A história do meu pai e os manifestantes — vinte mil veteranos da Primeira Guerra Mundial desempregados que marcharam até Washington, exigindo o pagamento de um bônus em dinheiro — me é contada pela primeira vez quando tenho 44 anos. Fico emocionada com ela. Sinto como se estivesse reconstruindo devagar uma tapeçaria antiga perdida.

Em casa, em Nova York, a escavação eletrônica continua. Contrato dois pesquisadores para me ajudarem — um de Nova York e um dos arredores de Washington, D.C. Comunicamo-nos apenas por e-mail. Conto-lhes sobre os pedaços de informações, os fragmentos de fatos que estou procurando e eles saem em busca. Estou feliz por ter mais do que uma cabeça trabalhando nisso — mais de uma forma de pensar tentando completar o quebra-cabeça em conjunto.

Estou me correspondendo com alguém que vive em Israel e que pode estar relacionado com a família do meu pai adotivo em Nova Brunswick, Nova Jersey. Estou em contato com o reverendo John Gray, em Ohio, cujo interesse em genealogia foi despertado pela idéia de um possível parentesco com seu herói de cinema, Roy Rogers, cujo nome verdadeiro era Leonard Franklin Slye. O reverendo Gray relatou com tristeza que não tem parentesco com Roy, mas que era muito provável que eu tivesse — Roy foi um Slye de Warwickshire, Inglaterra, e de Ohio, Estados Unidos. Tenho trocado e-mails freqüentes com Linda Reno, do condado de Saint Mary, Maryland. Ela é, na verdade, um parente distante e realizou uma pesquisa enorme de mapeamento da família Slye. Cada um dos meus correspondentes está tão perto quanto o teclado do computador e, no entanto, tão etéreo e evanescente quanto a própria memória. E, ainda e sempre, me sinto excluída. Preocupa-me o fato de poder ser, a qualquer momento, desmascarada, e que meus amigos virtuais digam: "Você não faz parte desta família e não está autorizada a obter essa informação." Com o coração apertado, envio um e-mail para Linda Reno confessando minha ilegitimidade, mas quando não recebo resposta por dois dias fico apavorada, e, em seguida, extraordinariamente aliviada quando ela responde de forma simpática, genuína e positiva.

Isso continua por meses — em ondas. Caço e reúno e depois, exausta e muitas vezes desanimada, paro e me recomponho e começo tudo de novo. Estou convencida de que posso desvendar o caso do segundo marido de minha avó materna biológica. Possuo o que tenho quase certeza ser a fotografia dele e de minha avó, no que parece ser um *Réveillon* na década de 1950. Encontro muitos Barneys Ackermans na Flórida; parece ser o tipo de lugar onde um Barney Ackerman moraria após se aposentar. Encontro um pedaço de informação que parece indicar que havia um Barney Ackerman que morreu no Canadá na década de 1990, mas não consigo juntar os pedaços. Quando Barney Ackerman e Clare Kahn Ballman se casaram e se divorciaram? Finalmente, por meio da pesquisadora de Washington, D.C., o caso fica mais claro — ela encontra a certidão de casamento. Eles se casaram em 22 de setembro de 1950. Ellen teria 12 anos na época — vulnerável a esse padrasto casado pela segunda vez. Outra revelação no caso me trouxe sua certidão de óbito. Ela o lista como dono de uma lavanderia a seco e informa que ele nasceu em Calgary, Alberta, Canadá, e morreu em 28 de março de 1993, estando casado com Jeanne Ackerman, de Hebron, Nova Scotia, quando da sua morte. Isso significa, pelo menos, quatro casamentos — com o primeiro divórcio na Flórida, o segundo em Reno, o terceiro provavelmente no norte da Virgínia por volta de 1960. Ele tem uma filha e, na época de sua morte, uma neta. Será que Ellen sabia que ele havia morrido? Ela ficou aliviada? Nunca ficou claro para mim que tipo de relacionamento Ellen teve com esse homem. Pelo que ela me disse ao telefone e pelo que Norman mais tarde pôde acrescentar, meu sentimento é o de que a relação era, pelo menos em certa medida, sexualizada e que isso a deixou muito constrangida.

Mais escavação. Encontro Pearl B. Klein, irmã de Bernard Bellman, licenciando-se para praticar advocacia em Washington, D.C., em 1924, na mesma época que o marido, Alfred Klein, que mais tarde se tornou o chefe da assessoria jurídica do Sindicato dos Funcionários Públicos.

Encontro o irmão de Bernard Bellman, John (nascido Jake) Bellman, cujo filho Richard se tornou uma figura renomada no mundo da matemática, por conceber a idéia da "programação dinâmica". Richard lecionou nas universidades de Princeton e Stanford, trabalhou para a Rand Corporation em Los Alamos e também escreveu quarenta livros relacionados à teoria matemática. Ando para frente e para trás no material e, a cada vez que esquadrinho, novas migalhas surgem — sobrenomes, nomes de casada de irmãs, nomes de tios, primos, locais. Cada pedaço é uma peça do quebra-cabeça.

Minha busca se expande. Uso ferramentas de busca da internet, tais como AnyWho.com, para localizar os endereços de pessoas aleatórias chamadas Slye, Bellman, Ballman, Hecht (quase não há ninguém chamado Homes). Escrevo cartas explicando que sou uma jornalista que trabalha em um projeto de história familiar e gostaria de falar com elas. Por mais emocionante que seja, sinto dificuldade em colocar as cartas no correio, dificuldade em fazer os telefonemas posteriores. Quero falar com elas, mas tenho medo de que não queiram falar comigo — e, a propósito, o que direi se e quando me perguntarem quem sou?

Contrato um universitário para me ajudar a fazer a primeira rodada de ligações, respondendo a quaisquer perguntas básicas — estabelecendo que, sim, esse é um projeto de pesquisa legítimo. Faço as entrevistas de detalhamento. Falo com dois Slyes que porventura são reverendos: Harry, do Texas, e John, da Virgínia. Um não conhece o outro, mas ambos são incrivelmente simpáticos, calorosos, abertos, orgulhosos de sua família. Falo com Chapman Slye, que dirige 28 refeitórios escolares em Fredericksburg, Virgínia, e tem o mesmo nome de seu bisavô. Chapman me conta sobre os laços da família com o litoral oriental de Maryland, sobre as aventuras que teve com seu avô Harry E. "Skipper" Slye Sr., um capitão de navios que viveu até os 102 anos de idade e comandou navios no rio Potomac até os 85. Também sugeriu que eu falasse com a mãe dele, a viúva de Harry E. Slye Jr. Falo com ela e inúmeros outros primos Slyes. E, quando pergunto sobre Georgia Slye Hecht, ninguém parece se lembrar muito dela, exceto que ela era "forte", "dominadora" e muitos deles tinham um pouco de medo dela — sobretudo as mulheres casadas com membros da família. Os Slyes com quem falo são adoráveis, trabalhadores, sérios, de boa índole, muito orgulhosos de sua história familiar, mas, como em muitas famílias americanas, cada geração sucessiva parece se espalhar mais distante da sede da família e está menos em contato com sua família extensa, menos consciente da história familiar. Eles não fazem qualquer pergunta sobre meu relacionamento com a família e, quando pergunto a um deles se houve algum casamento com membros de outras religiões, este me diz que o evento mais momentoso foi quando os católicos entraram na família. Não há qualquer indício de que tenha havido um judeu entre eles — nenhuma menção ao casamento de Georgia Slye com Irving Hecht —, o que esclarece a determinação do meu pai biológico, Norman, em enfatizar que *não* era judeu. O reverendo Harry L. Slye fala de reuniões familiares, há muito tempo, quando seu avô, também Harry L. Slye, um dono de funerária proeminente de Washington, D.C., trazia cadeiras da sala de velório para a casa da família no então subúrbio rural e a família inteira, primos de todas as idades e gerações, se reunia para degustar ostras do condado de Saint Mary, brincar e dançar no gramado.

Minha assistente encontra alguém em Nova York chamado Robert Hecht, o qual, provavelmente, não é um parente. Ele lhe diz que está de saída para Paris e que posso ligar para ele lá. Espero uns dias e tento. Uma mulher atende ao telefone e explica que ele agora retornou a Nova York.

— Qual é o assunto? — pergunta ela, e sou forçada a tomar uma decisão rápida. Faço um esforço para explicar.

— Não tenho certeza de que ele se interessará — diz ela —, mas, se quiser, pode passar um e-mail para minha filha e apresentar seu pleito.

Ela me fornece o e-mail da filha, uma advogada em Nova York. Irritada pelo uso que ela faz da frase "apresentar seu pleito", tomo coragem e pergunto:

— Qual é o seu nome?

— Elizabeth Hecht — responde ela.

E um calafrio percorre minha espinha. Elizabeth Hecht, esse era o meu nome, era o nome na pulseirinha que me colocaram no hospital quando nasci. Isso é ainda mais estranho porque minha mãe adotiva tinha planejado me dar o nome de Elizabeth, mas mudou de idéia quando viu a pulseira. "Elizabeth Hecht", disse ela, e isso era a última coisa que esperava ouvir. Substâncias químicas de todos os tipos percorrem meu corpo, instruindo meu cérebro a desligar, a fugir, comandando meu cérebro a rir, informando ao meu cérebro que isso é muito estranho. Ela não é realmente Elizabeth Hecht; ela foi um dia Elizabeth Qualquer Coisa e casou com um Hecht.

— Você pode tentar ligar para meu marido — diz ela. — Ele já retornou a Nova York.

Ligo para o número em Nova York; um senhor atende e me diz que a hora não é boa para falarmos. "Estou de saída."

O teor dessas conversas aguça minha curiosidade para saber quem são essas pessoas.

Faço uma busca no Google por Robert Hecht e Elizabeth Hecht e descubro que ele é um comerciante de antiguidades muito conhecido e que se envolveu em um escândalo internacional de venda de artigos italianos supostamente roubados e que, no final de 2005, foi a julgamento em Roma, juntamente com o ex-curador do Museu Getty, Marion True, acusado de traficar obras de arte antigas.

Até onde sei, Robert e Elizabeth Hecht não são meus parentes, mas de novo descubro uma história fascinante.

Certa vez, enquanto vasculhava os documentos dos Bellmans, me encho de coragem e deixo uma mensagem na secretária eletrônica de Eric Bellman, um terapeuta da Califórnia. Ligo sabendo que em algum lugar tenho um parente chamado Eric Bellman — filho de Richard Bellman e irmão de Kristie, a quem escrevi após a morte de Ellen, mas que nunca me respondeu. Passam-se semanas até que Eric liga de volta, mas é um achado. Estou satisfeita com minha capacidade de deduzir qual Eric Bellman, nos Estados Unidos, é meu parente biológico. Conto-lhe sobre meu projeto, sobre as dezenas de cartas que enviei. Conto-lhe que muitos Slyes e Hechts me responderam, mas nenhum Bellman o fez. Ele me conta que os Bellmans são assim mesmo — seja lá o que "assim mesmo" queira dizer — e, embora não tenhamos muito o que conversar, fico feliz por ter feito contato com ele.

O que não lhe conto é que, depois de decidir que ele era *o* Eric Bellman que eu estava procurando, procuro no Google sua fotografia e depois a comparo com a que encontrei online de seu pai, tirada há muitos anos. Interpretando minha própria versão de um investigador do FBI, comparo os cabelos, as sobrancelhas, o formato do queixo e concluo que esse Eric Bellman é o Eric Bellman certo.

Em minha pesquisa, descubro recortes de jornal relacionados à família Hecht na área de Nova York e nas redondezas. De novo, pesquiso no Google e descubro Warren Hecht, um dentista. Ligo para seu consultório. Ele próprio atende ao telefone, tento lhe explicar o projeto.

— Mande-me uma carta — diz ele de maneira rude.

— Tudo bem, mas posso fazer uma única pergunta rápida? Você, por acaso, é parente de Arthur, Nathan e Irving Hecht?

Exultante, ele repete os nomes.

— Arthur, Irving, Nathan — diz ele. — Sim, Nathan foi meu pai.

Digo:

— Achei que sim.

E ele pergunta:

— Quem está falando?

Conversamos com muito entusiasmo durante alguns minutos e ele propõe que nos encontremos na próxima terça-feira, às sete da manhã. Surpresa com seu entusiasmo, concordo. É como se ele tivesse descoberto um parente há muito perdido — o que, na verdade, aconteceu. Quando Warren pergunta como me encaixo nisso tudo, digo-lhe que sou a filha de Norman Hecht, mas que Norman e minha mãe não eram casados, portanto não fui criada por ele. Isso não parece causar grande complicação. Ele diz o quanto anseia por nosso encontro e desligamos.

Na terça-feira seguinte, meu telefone toca às 6h15 da manhã. É Warren Hecht ligando para cancelar nosso encontro.

— Estou muito ocupado — diz ele. — Ligo para você daqui a uma ou duas semanas.

Quando pressiono para descobrir se ele está ocupado de verdade ou se há mais alguma coisa envolvida, ele parece nervoso. Fico me perguntando quem o teria pressionado, quem esfriou seu entusiasmo. Arrasada, deixo-o ir. Não tinha me dado conta do quanto ansiava por encontrá-lo. Queria mostrar-lhe o que havia descoberto, a certidão de nascimento de seu pai, a certidão de casamento de seus avós. Queria perguntar o que ele sabia sobre seus avós, tios e assim por diante. Depois disso, decidi suspender a parte da entrevista ao vivo dessa aventura, pelo menos por enquanto. É uma receita para a rejeição dolorosa demais para ser repetida continuamente.

* * *

Faço uma assinatura do projeto genealógico da National Geographic. Pago cem dólares e raspo a parte interna de minha bochecha duas vezes em um período de 24 horas — para coletar DNA — e envio a amostra, como se me unisse à família dos homens. Na internet, descubro um outro teste de DNA que promete me dizer os nomes mais prováveis de meus ancestrais. Penso sobre como é interessante e estranho que a mulher, por tradição, perca seu sobrenome ao casar, sendo absorvida pelo nome da família do marido — ela está, na verdade, perdida; seu nome de solteira evapora de todos os registros. Por fim, entendo a raiva por trás do feminismo; a idéia de que, como mulher, você é uma propriedade a ser transferida de seu pai para seu marido, mas nunca um indivíduo que existe de maneira independente. E o lado pitoresco é que essa também é uma das formas pela qual podemos legitimamente nos perder de vista — ninguém duvida disso.

Meses mais tarde, volto à internet, digito o número identificador que veio com meu estojo de teste e obtenho informações de que meu DNA pertence ao haplogrupo U e que sim, como *toda* mulher, sou descendente da "Eva mitocondrial". Mas quem era ela? Posso procurá-la no AnyWho.com? Posso lhe escrever uma carta? A partir da informação fornecida, descubro muito pouco sobre minha jornada genética. Tenho a opção de imprimir documentos em alta resolução, incluindo um certificado personalizado comprovando minha participação no Projeto Genográfico, mas, em vez disso, sinto que gastei cem dólares para descobrir o que já sei — sou parente de todo mundo.

Entre as melhores descobertas que fiz online está a Random Acts of Genealogical Kindness (Atos Aleatórios de Generosidade Genealógica), uma organização de quase cinco mil voluntários dispostos a buscar informações em suas áreas locais — investigar registros históricos e documentos de igreja, rastrear lápides de sepulturas. Seus voluntários estão espalhados pelos Estados Unidos, Canadá e 44 países — o grupo recebe em média 8.200 solicitações por ano.

Mergulhando mais fundo na história, vou até a Centre Street, nº 60, em Nova York, outro escritório de registro da cidade, e solicito todos os arquivos com os sobrenomes relevantes.

Uma semana mais tarde, um funcionário público me liga e deixa uma mensagem dizendo que alguns de meus arquivos chegaram e que outros não puderam ser localizados porque foram destruídos. No centro da cidade, mergulho no labirinto. Por cima de um balcão de madeira alto, as caixas de arquivos são entregues a mim; estão ressecadas pelo tempo, esses documentos quebradiços, o papel fino e desidratado, cada folha como uma fatia fina de pele retirada por um patologista. As páginas estão datilografadas, as assinaturas e anotações feitas a caneta preta. Estou enfiando moedas na copiadora, correndo para fotografar as páginas desbotadas — como se quisesse copiá-las tão rapidamente quanto possível antes que evaporem, como se tirar essas pobres cópias do edifício as tornasse permanentes, reais, presentes *neste* mundo.

Examino os arquivos, não tendo a menor idéia se essas pessoas são meus parentes e, em grande medida, não dando a menor importância a isso. Cada caso é uma história, uma história que me atrai.

Magdaline Bellman vs. William H. Bellman

Ação de divórcio absoluto sob a alegação: "Que o réu, no dia 14 de agosto de 1923, em Hollywood Crossing, em Cedarhurst, Long Island, no bairro de Queens City e estado de Nova York, cometeu adultério com uma mulher cujo nome é desconhecido pela queixosa. (...) Que o descendente único do dito casamento é um filho, Howard Bellman, que nasceu no dia 11 de fevereiro de 1913.

O divórcio, concedido em 30 de janeiro de 1923, estipula que William H. Bellman não estava livre para se casar novamente sem permissão do tribunal. Em janeiro de 1934, William Bellman retorna ao tribunal, solicita e recebe permissão para se casar.

* * *

Será que Magdaline Bellman realmente não conhecia o nome da mulher com quem seu marido dormiu ou essa é uma forma de mostrar boa educação? Onde em Hollywood Crossing o caso aconteceu? Foi num motel? E uma rua chamada Hollywood Crossing não é incrivelmente irônica? Será que a mulher anônima com quem William dormiu foi a mesma mulher com quem ele se casou dez anos depois? O que aconteceu com Magdaline e seu filho, Howard? E será que são meus parentes?

O funcionário na Chambers, nº 31, estava certo — os casos *In Re* são os mais fascinantes. As capas dos arquivos têm um selo com grandes letras vermelhas desbotadas: INSANIDADE.

B. Kahn vs. In Re: *Caso 20101, 1928*

Bernhard Kahn, residente na West 104th Street, nascido na Rússia, com 54 anos de idade, migrou para os Estados Unidos, viveu em Chicago e, após permanecer em Nova York por seis meses, em 19 de maio de 1928 foi internado no hospital Manhattan State, em Wards Island.

Foi trazido de ambulância da 10ª Delegacia para Bellevue.

O policial afirmou que o paciente abriu o hidrante na Lexington Avenue; dizia que queria remover os germes; a cidade estava cheia de germes da malária e germes da insanidade e as pessoas ficariam todas insanas; tinha jogado fora seu chapéu porque estava cheio de germes e insetos — muito falante.

Na presença dos médicos, o paciente afirmou:

Fui ao Hospital do Condado de Cook — Eles levaram muitas pessoas de nosso ramo de negócios e as torturaram e mataram — Em Chicago, eu era contra a proibição — Era contra as prostitutas — Tínhamos táxis marrons e táxis amarelos — Três milhões de pessoas me torturaram em minha cidade de Chicago — Do psicopata vim para Nova York — Os judeus estão escrevendo sobre os Hazenz aqui — Então eles capturaram os enfermeiros que são insanos — Três graus de insanidade — Não há nada tão perfeito — Admiro você — Você é perfeito.

Houve alguma frase específica que tenha selado seu destino?

Quando me deparei com esse caso pela primeira vez, pensei por um momento que essa podia ser, na verdade, a história de meu bisavô materno biológico e, naquele momento, essa dedução parecia fazer sentido. E, de alguma maneira, ainda faz, exceto pelo fato de que as datas são muito destoantes. Em minha visão, era um caso perfeito, até que, claro, um encaixe mais perfeito surgisse — o caso de Benedict Kahn.

> *BENEDICT KAHN, queixoso, contra JACK ROTHSTONE e JOHN J. GLYNN como administradores do testamento anexado do espólio de ARNOLD ROTHSTEIN, falecido, réus.*

Esse caso me lembra imediatamente uma linha da autobiografia de Richard Bellman, *Eye of the Hurricane* (*O olho do furacão*), na qual se observa que o irmão de seu pai, Bernard "Bunny" Bellman, "casou com a filha do chefe". Pela primeira vez, tenho uma pista sobre o que isso podia significar. Acho que esse caso provavelmente envolve o avô materno da minha mãe, Benedict Kahn, e que foi por meio de Benedict Kahn que Bernard "Bunny" Bellman aprendeu seu ofício.

Impetrado contra o espólio do infame criminoso Arnold Rothstein, morto a tiros em 4 de novembro de 1928, o processo alega que Benedict Kahn e seu sócio Harry Langer — que abriu um processo separado no valor de US$76 mil — fizeram empréstimos a Arnold Rothstein, os quais não haviam sido quitados quando da data de sua morte. A declaração escrita e juramentada de Benedict Kahn diz:

> *Sou o queixoso neste caso. Esta ação foi aberta para recuperar US$21 mil, com os juros incidentes, referentes*

a duas notas promissórias no valor total de US$19 mil e um cheque de US$2 mil.

E prossegue:

Nunca fiz apostas com Arnold Rothstein durante toda minha vida. Nunca peguei emprestado qualquer montante com ele. Fomos amigos íntimos e, de vez em quando, ele pegava dinheiro emprestado comigo. Ele sabia que eu sempre tinha grandes quantias de dinheiro em espécie.

Em nenhum lugar nos papéis há qualquer explicação sobre o tipo de empreendimento que Kahn mantinha para ter sempre "grandes quantias de dinheiro em espécie". Em princípio, não havia defesa para esse caso, já que a única opção seria o espólio de Rothstein provar que essa era uma dívida de jogo e, portanto, ilegal e tampouco válida.

Após muitas idas e vindas, a moção foi julgada "em favor do queixoso por US$21 mil, acrescidos de juros, conforme exigido na reclamação".

O fato de o homem que parece ser o avô materno de Ellen ter tido coragem de abrir um processo contra o espólio de Rothstein, um homem descrito como "o pai espiritual do crime organizado americano" e um "gênio do crime", me indica que Benedict Kahn deve ter sido alguém que tanto o espólio quanto o júri levavam a sério, mas não encontro nada além disso, exceto as sementes de um forte interesse em apostas ilegais que ecoa por todas as gerações subseqüentes.

E, depois, há a história triste do Bellman que bateu com a cabeça — e como bateu. Aqui está um outro Henry — desta vez Bellman, não Hecht —, mas, por razões inexplicáveis, continuo convencida de que em algum lugar tenho um parente biológico chamado Henry.

Henry Bellman vs. In Re: *George Bellman vs. Timken Silent Automatic Co.*

Henry Bellman, nascido na Alemanha em 1902, chegou a Nova York em 1928, foi trazido para Bellevue dizendo que não conseguia dormir, que tinha dor de cabeça, que as luzes o incomodavam. Na presença dos médicos, disse:

> *Parece que eles jogam luzes lá dentro do meu quarto e não consigo dormir. Ouço eles falando. Eles riem de mim. Me mudei cinco vezes em três ou quatro meses. Eles me perseguem na rua. Eles zombam de mim. Ouço eles me xingando de f.d.p. Não sei se eles querem me matar. Eles estão aqui também.*

Ele foi internado no Hospital Estadual de Central Islip.

George Bellman, na condição de curador de Henry Bellman, abriu um processo contra a Timken Silent Automatic Co. pedindo US$150 mil por danos, afirmando que Henry, que nunca havia se ferido ou ficado doente ao trabalhar como perfurador por US$8,80 ao dia, foi atropelado por um caminhão, em 8 de setembro de 1934, na First Avenue, entre a 96th Street e a 97th Street. O caminhão, que desviou para evitar um bloco de granito que estava no meio do caminho, bateu em outro carro e o jogou numa vala e, em seguida, atravessou uma barricada, atingindo Henry Bellman, que ficou inconsciente por mais de dez minutos. Seus ferimentos, inicialmente considerados leves, pioraram. Seu estado se agravou e, em julho de 1935, Henry começou a reclamar que havia pessoas o espionando. O processo foi impetrado primeiro por Henry e depois pela família, que procurava maneiras de pagar por melhores cuidados para seu irmão. O processo foi resolvido sem julgamento por US$27,5 mil, dos quais US$13,75 mil foram pagos ao advogado que o irmão contratou antes que sua saúde tivesse piorado tanto. O meritíssimo Edward R. Koch foi o juiz, em 8 de abril de 1936. Processo arquivado com o selo INSANIDADE.

Não consigo deixar de pensar na dificuldade da vida desses imigrantes, de Bernhard Kahn e Henry Bellman e centenas de outros. Eles deixaram suas casas e famílias na Europa; com freqüência, sob pressão e em circunstâncias ameaçadoras. Com apenas o que puderam carregar nas costas, embarcaram numa difícil viagem rumo a um lugar mítico distante, esperando encontrar a utopia e encontrando, em vez disso, uma língua estrangeira, discriminação, precariedade de trabalho e condições de vida. Fico impressionada com a garra e a coragem demonstradas pela maioria dos imigrantes, e também estou surpresa que um número maior deles não tenha simplesmente enlouquecido — há momentos em que penso, como não se fica louco?

Sejam ou não Magdaline, William e seus filhos, Howard ou Bernhard ou Henry meus parentes consangüíneos, são todos parentes por serem humanos e pelas histórias que os arquivos contam, e é tudo insanidade! Incluo essas histórias aqui porque não consigo tolerar a idéia de que sejam esquecidas.

Continuo a escavar, de quando em quando, parando e recomeçando, reunindo os fragmentos de centenas de vidas. O caráter técnico da relação biológica se tornou um tanto irrelevante — fico entusiasmada com o que encontro, pelo mergulho na história, com a forma como as pessoas viviam e morriam, observando o que mais estava acontecendo no mundo em cada um desses momentos. Mesmo sendo bastante estressante, gosto muito do processo; me impressiona o quanto a internet é profunda e extensa (com apenas 15 anos de existência) e estou entusiasmada por ter encontrado e me correspondido com tantas pessoas ao longo do caminho. Minha pesquisa já não me consome tanto; a urgência inicial se tornou talvez uma curiosidade contínua mais saudável que, sem dúvida, continuará intermitentemente por muito tempo. E, sim, é reconfortante ter ligado alguns dos pontos — ter nomes, datas e algum conhecimento sobre onde minhas linhagens familiares e eu nos encaixamos na história. Posso justapor o nascimento de Robert Slye na Inglaterra com o reinado da rainha Elizabeth. Verifico que Friedrich Nietzsche nasceu no mesmo ano que Jacob Spitzer (o pai de minha amada avó Julia Beatrice) e que, em 1959, o ano em que nasceu meu irmão Jon, o Dalai Lama fugiu do Tibete e foi para a Índia, enquanto o Alasca e o Havaí se tornaram os mais novos estados americanos. Em janeiro de 1961, ano em que nasci, na posse de John F. Kennedy, o poeta americano Robert Frost recita um novo poema, "Kitty Hawk", mas sua saúde está fragilizada e ele gagueja. Ele começa de novo e, dessa vez, recita "The Gift Outright".

Norman Hecht na infância

O traseiro do meu pai

Norman Hecht na juventude

Não falei mais com meu pai desde aquela conversa que tivemos no final de 1998, a qual terminou com ele me dizendo para ligar a qualquer hora: "Ligue para o telefone do carro. Minha mulher raramente anda de carro."

No verão de 2005, como um prolongamento de minha aventura genealógica, decido me associar às Filhas da Revolução Americana (DAR). Meu desejo não é político, mas pessoal. Quero me associar à DAR porque é uma organização de linhagem — e entre as primeiras coisas que meu pai me disse a respeito de minha pessoa foi que eu tinha direito a ser membro. E, embora eu seja um membro improvável de tal organização, desejo experimentá-la como uma parte de minha identidade biológica — quero ver de dentro aquilo que não sou. Meus amigos ficam transtornados com a idéia; eles vêem a DAR como racista e de extrema direita. Em 1939, a DAR se recusou a permitir que uma cantora negra, Marian

Anderson, cantasse no Constitution Hall, em Washington, D.C. (Depois disso, a srta. Anderson cantou no Constitution Hall seis vezes.) Explico a meus amigos que entender meu passado não significa abraçar apenas os aspectos que parecem positivos e que, nesse caso, meu interesse reside no conceito de linhagem. Troco e-mails com o presidente da sucursal de Port Tobacco, Maryland — a sucursal da cidade natal dos Slyes de Maryland. Ela me envia uma cópia do formulário, o qual solicita ao candidato que volte no tempo e forneça documentação referente a 14 gerações, comprovando um elo com um suposto "Patriota".

Presumo que essa documentação possa ser reunida se eu puder fornecer as informações mais atuais, a saber, a certidão de nascimento do meu pai e a minha própria. Uma complicação — o nome do meu pai não consta na minha certidão de nascimento. E a certidão de nascimento do meu pai está disponível no Departamento de Registros Vitais do Distrito de Columbia, mas apenas para parentes próximos, sendo necessária a apresentação de um documento de identidade com fotografia. Explico à DAR que meus pais biológicos não eram casados e que fui adotada e não tenho uma certidão de nascimento com o nome do meu pai, mas que nós dois fizemos um teste de DNA para provar nossa relação consangüínea. A DAR responde que eles não se importam se meus pais eram ou não casados, que aceitarão o teste de DNA como prova suficiente. Uma complicação a mais — não tenho uma cópia do resultado.

Por que não pedi a ele uma cópia do teste feito em julho de 1993, quando o sangue foi colhido? Eu poderia alegar que fiquei com vergonha, mas a verdade é que me senti infantilizada — atirada de volta ao passado. Tive que fazer um esforço enorme para manter minha integridade psíquica. Eu queria que ele gostasse de mim, queria saber mais sobre quem eu era, de onde vinha. Senti que tinha que fazer o que me disseram para fazer. Por mais que ele e eu tivéssemos participado do teste em pé de igualdade, ele pagou pelo teste, recusando-se a aceitar minha oferta de dividir as despesas. Fiquei intimidada. Não queria causar problemas. Não queria ser rejeitada de novo.

Penso em mim solicitando-lhe o resultado do exame e mesmo agora fico intimidada. Só a idéia já me machuca. E estou sempre preocupada se meu telefonema chegará tarde demais — ele estará morto. E, mesmo que não esteja, o que direi? "Oi, quero me associar à DAR e preciso de uma cópia de sua certidão de nascimento e uma do resultado do teste de DNA"?

Imagino-o atendendo ao telefone e sua voz trêmula dizendo: "Essa não é uma boa hora. Posso ligar para você mais tarde?" Como me sentirei se ele não me ligar mais tarde? E se eu conseguir pedir o que quero e ele se esquivar e houver um silêncio pesado e constrangedor? Continuo? "Eu e você queríamos fazer o teste, logo ambos temos direito às informações." E se ele disser "Não penso desta forma"? Não tenho certeza de como prosseguir. Retruco: "Nunca pedi nada a você, mas agora estou pedindo e espero que você mude de idéia."

Penso em ligar para ele. Em minha imaginação, sua mulher atende ao telefone e não fica nada satisfeita. Para ela, sou ilegítima. Isso significa que não existo, que nunca existi, que sou algo a ser esquecido, deixado para trás, em resumo, um grande constrangimento?

Em meus pensamentos, consigo ligar para ele; na realidade, não consigo nem pegar o telefone.

Pergunto a Marc, meu advogado — o mesmo advogado que ligou para ele há anos para lhe dizer que Ellen estava morta —, se ele poderia fazer a ligação. Dou o número do telefone a Marc e explico que a mulher dele pode atender. Discutimos o que ele vai dizer. O telefonema é feito.

A mulher atende ao telefone e meu pai se desloca para outra sala para atender à chamada. Meu pai diz ao advogado que não fornecerá o resultado do exame; que, na verdade, ele nem o tem — ele o entregou para seu advogado para que o guardasse. Marc ouve que ele não deve mais ligar para meu pai, que qualquer comunicação futura deverá ser feita através do advogado do meu pai. Marc liga para o advogado do meu pai e este lhe diz que ele tinha sim o resultado do exame, mas que fez algo com ele — não lembra o quê, portanto não está disponível. Marc lhe diz que uma declaração de paternidade é suficiente e ouve que isso não é possível, que isso está descartado.

Pode me chamar de ingênua, mas havia uma parte em mim que pensava, quando meu advogado ligou e solicitou os resultados do teste, que meu pai diria: "Sim, claro, e como ela está?"

Quando Marc me liga para relatar os acontecimentos, me encho de esperança, animada pela rapidez da resposta. "Falei com seu pai", diz ele e fico feliz, de certa forma orgulhosa, e então prossegue: "E a conversa não foi muito boa", e meu ânimo afunda. "Ele se negou a fornecer as informações e pediu que nunca mais o contatássemos diretamente." É do meu pai que estamos falando — meu pai está dizendo: "Por favor, não ligue de novo." Foi algo que eu disse ou o simples fato da minha existência?

A idéia do meu pai de pedir que eu fizesse um teste de DNA — me pediu que provasse que sou sua filha — e agora a idéia de não compartilhar os resultados não são nada boas. Trata-se de poder e arrogância e da negação do meu direito de ter uma identidade. Sinto-me na obrigação moral — uma obrigação social e política, uma obrigação que é maior do que eu — de tentar encontrar uma solução melhor, um fim melhor.

— O que você esperava? — pergunta-me uma amiga.

— Mais — respondo.

— Isso não é nenhuma novidade — diz ela. — É um comportamento típico dele. Olha o que ele fez com sua mãe. Ele não é um cara legal.

— Ele é meu pai.

— Você está ferrada.

Estou esperando que esse homem faça a coisa certa. O que eu quero dele não é seu dinheiro ou mesmo seu amor. A esta altura, na ausência de seu afeto, quero um contexto, uma história, uma forma de entender como tudo aconteceu. Será que algum dia terei a pergunta respondida: onde meus avós paternos se conheceram, como se cortejaram, como foi que o filho de um açougueiro judeu se casou com uma beldade sulista?

E agora também preciso defender minha mãe morta. Minha amiga está certa nesse ponto. Não tem a ver comigo, tem a ver com ele, tem a ver com a forma como ele se comporta, como ele não valoriza as pessoas, como ele faz apenas o que quer, o que é bom para ele. Minha mãe não teve vida após me entregar para adoção — ela nunca se casou, nunca constituiu outra família. Ela tinha investido nele desde muito nova — ele a usou e depois disse adeus. Ela nunca se recuperou.

— A lei não tem nada a ver com justiça, você sabe disso — me diz uma amiga.

Ligo para outro amigo, que liga para Lanny Davis, um conhecido advogado de Maryland que trabalhou como assessor jurídico especial da Casa Branca na época de Bill Clinton. Lembro de Davis na minha infância, quando era um político local em ascensão. Instintivamente confio nele e explico a situação. Lanny se oferece para ligar por mim; ele tem certeza de que se ele explicar a situação a meu pai — e a razão pela qual estou pedindo esse documento — teremos êxito.

— Não há razão para pensar que precisaremos levar isso adiante. — Dou a ele o número do telefone e, de novo, menciono que a mulher dele pode atender. Ele me liga no dia seguinte — chocado. Meu pai atendeu, parecia saber a razão do telefonema antes mesmo que pudesse dizer qualquer coisa, e se recusou terminantemente. Lanny, tomando cuidado com sua descrição dos fatos, disse-lhe:

— Fui procurado por sua filha, que me solicitou que a representasse, mas ao ouvir a história, tenho esperança de que isso possa ser resolvido sem minha intervenção como advogado.

Norman se recusou.

— Devo então falar na condição de advogado? Devo falar com seu advogado?

Meu pai se recusou até mesmo a informar a Lanny o nome de seu advogado e/ou fornecer o número do telefone do advogado — ambos os quais eu já possuía.

Lanny ligou para o advogado do meu pai. O advogado disse:

— Você não tem a mínima chance, não há nada para levar a julgamento, não há caso e você não pode ter acesso ao documento.

Ele disse não, não e não. O advogado foi cuidadosamente lembrado de que, se o caso fosse levado a julgamento, tudo também se tornaria público. Ele não se intimidou.

— Há alguma outra coisa que eu deva saber? — perguntou-me Lanny. — Alguma outra razão por que ele não desejaria que você tivesse isso?

— Para mim, há apenas duas razões possíveis: uma é que ele não é realmente meu pai, mas de alguma forma queria ser, de alguma forma estranha; a outra é que talvez ele esteja preocupado com o fato de eu querer parte de seu espólio como herança.

Há muito tempo, quando ele parou de falar comigo, pensei que pudesse ser porque ele estava preocupado com o fato de eu processá-lo para ter uma "fatia do bolo". Explico para Lanny que não desejo nada de seu patrimônio e, na verdade, me sentiria constrangida a ponto de recusar qualquer coisa que porventura viesse.

Uma vez mais, em minha cabeça, estou escrevendo cartas.

Caro Norman,

Você está brincando comigo? Você está escrevendo sua própria história. Você está pintando um retrato de si mesmo que é muito pouco atraente. Você não quer pensar melhor?

Falo com meus advogados — todos ficam surpresos. Não deveria ser tão difícil assim.

— Isso tem a ver com sua família e a DAR? Algo talvez que você não saiba? Algo escondido por baixo dos panos? — pergunta alguém.

O que está escondido é raiva — raiva intensa e profunda. E, por baixo disso, uma dor imensa — uma enorme decepção pelo fato de ele não ser capaz de mais, não se mostrar à altura da ocasião, não se sentir obrigado a se comportar melhor.

Vou ver o rabino. Espero ter alguma idéia, espero que haja um exemplo sagaz, uma intervenção espiritual que guiará minhas decisões. Falamos muito sobre o que pode ser ganho e o que pode ser perdido — a importância real do pedaço de papel e a conjuntura mais ampla.

O rabino sugere que eu escreva uma carta — um simples recado: "Escrevo para informá-lo de que, caso você não se manifeste em contrário, vou pressupor e agir como se você fosse meu pai biológico de agora em diante."

O rabino sugere que eu submeta a carta ao meu advogado. Faço isso e o advogado ressalta que isso não provaria nada, que eu simplesmente ficaria esperando — por nada.

Escrevo mais cartas em minha cabeça:

Querido papai,

Meu interesse na DAR tem a ver com genealogia e linhagem e não posso deixar que suas ações me impeçam de me juntar a centenas de anos de meus ascendentes biológicos.

Você, há muito tempo, prometeu me acolher em sua família — e eu entendi que vida e família são coisas complicadas. O que estou pedindo não tem a ver com sua família imediata, seus filhos e filhas que, em termos biológicos, não são nem mais nem menos seus parentes do que eu. O que estou lhe pedindo é que me forneça o elo para que eu possa fazer minhas próprias conexões com meu passado, permitir uma aproximação com meus parentes dos últimos quatro séculos. É a história que me interessa, a história de todas as famílias das quais faço parte...

Pai,

Você se considera um homem de fé, de bom caráter; eu penso que, à medida que se fica mais velho, reflete-se sobre essa fé, sobre o que Deus espera de cada um, sobre o comportamento durante toda a vida. Sou uma pessoa de grande otimismo e fé e continua sendo minha esperança que possamos resolver isso com alguma elegância.

Papai,

Assuma a responsabilidade por suas ações, seja uma pessoa adulta, seja homem.

Senhor,

Você é um velho. Você não deseja paz, não quer que as pessoas pensem coisas boas a seu respeito?

Pai,

Que coisa! Essa não é a sua expressão para eventos como este?

Os advogados debatem o que fazer — existe alguma forma de obrigá-lo a entregar o documento? Se o levarmos a julgamento, qual a queixa? Quebra de contrato? Uso injusto dos resultados? Ele teve uso de mais de 50% de um resultado conjunto durante todos esses anos. Se, na verdade, ele mentiu para mim ao dizer "Eu queria que você fizesse esse teste para acolhê-la em minha família" quando ele possivelmente quis os resultados para explicitamente me excluir de sua família, de seu espólio, seria uma fraude. Ele estava agindo de forma fraudulenta?

— Onde foi realizado o teste? — pergunta-me um dos advogados.

— O sangue foi colhido em Washington.

— Qual era o nome do laboratório?

— Não lembro. Não tenho certeza se tinha um nome... Não era assim um laboratório, mas um escritório, um local de coleta.

— Talvez você possa conseguir o resultado diretamente do laboratório.

Mais uma vez estou escavando. Estou procurando laboratórios de análise clínica que faziam testes de DNA em 1993 — antes que virasse moda, antes que todo mundo e suas mães desejassem conhecer suas relações familiares ao longo de toda a história. Descubro a Orchid Cellmark — empresa líder em testes de DNA — e ligo para lá.

— Jennifer falando — diz a voz da Orchid Cellmark.

— Oi, estou tentando localizar o resultado de um teste de DNA que fiz em 1993.

Quando digo 1993, é como se eu dissesse 1903. O mundo em que estamos vivendo é totalmente avançado e anti-histórico.

Em um milésimo de segundo, Jennifer me diz:

— Ah, não temos. Não guardamos nada por mais de cinco anos.

— O que vocês fazem com os dados?

— Destruímos — diz Jennifer. E não acredito nela. Estou pensando: "Jennifer, você não pode destruir isso porque isso não existe no papel... Isso está em um computador." E então imagens de computadores portáteis sendo colocados em um triturador gigante enchem minha mente.

— Obrigada — digo, desligando. Tento outro laboratório.

De acordo com Pat, da LabCorp of America, eles também não mantêm os resultados.

— Guardamos nossos registros por sete anos.

— Quando vocês começaram a fazer testes de DNA?

— Um momento.

Aguardo ouvindo música enlatada. Aguardo por muito tempo e me ocorre que ela me pediu que aguardasse para me fazer esperar, enquanto está sentada lá do outro lado, tirando meleca do nariz. Também me ocorre que ela talvez não retorne. "O primeiro no ramo a abraçar os testes genômicos", diz a gravação.

— Em 1981 — diz ela, voltando na linha. Há uma frieza peculiar, uma espécie de auto-satisfação na maneira como essas pessoas dizem "Não temos isso", como se não tivessem a menor idéia do que "isso" pode significar; elas realmente não se importam, como se tivessem um prazer enorme e perverso em esvaziar a lixeira eletrônica de sua tela de computador. Dou-lhe uma, dou-lhe duas e lá se foi.

Um dos advogados pergunta se tenho alguma carta dele. Acho possível que tenha guardado um cartão de aniversário em algum lugar. Será que há DNA suficiente no envelope para obter um resultado? E, de qualquer forma, se ele não estiver já incluído em um banco de dados, como negaríamos ou confirmaríamos?

De novo os advogados debatem. Falamos sobre o fato de eu não ter exposto seu nome em público, nunca ter imprimido a informação. Fico pensando se meu pai se dá conta de que até agora eu nunca disse a ninguém quem ele é. Na verdade, a origem deste livro, um artigo longo que escrevi para a *New Yorker* em 2004, refletiu meu desejo de continuar a protegê-lo. Nesse artigo, chamei Norman de "Stan" e Ellen de "Helene". Fico pensando se Norman sabe que o que escrevi para a *New Yorker* foi tão convincente que, na hora de a revista conferir os fatos do artigo, eles me enviaram um e-mail querendo saber o telefone de "Stan". "O nome verdadeiro do meu pai não é Stan", expliquei. E, de novo, solicitaram seu nome e telefone. Disse-lhes que eu nunca tinha dado a ninguém essas informações e não as forneceria a eles.

Somente após a revista ter primeiro ameaçado e depois, por um breve período, engavetado o artigo, questionei o porquê de eu estar arruinando minha reputação profissional para proteger a identidade de alguém que nunca tinha mostrado qualquer preocupação específica comigo. No entanto, achava que não seria necessário que perturbassem o homem. Eles insistiram.

A *New Yorker* tem o que eles denominam um padrão duplo para verificação dos fatos — se o sujeito precisar ficar sem identificação ou disfarçado, não apenas o sujeito precisa ser tornado irreconhecível para terceiros, mas também irreconhecível para si mesmo. Meu pai, simplesmente por saber que é meu pai, teve a identidade revelada.

A forma como a revista engavetou o artigo — como se duvidassem de mim — me doeu muito. Pela primeira vez em anos, senti que meu direito de existir estava em questão. O fato de haver qualquer dúvida quanto à veracidade de minha história me deixou louca. Nunca foi meu desejo expor meu pai — e, ao mesmo tempo, não conseguia entender por que estava sendo tão protetora. Finalmente, passei para a *New Yorker* o nome e telefone dele. Não tenho a menor idéia do que foi dito entre a revista e meu pai e seu advogado. Pedi para estar presente, uma testemunha da conversa, mas o sujeito que verifica os fatos não permitiu. Pelo que o verificador me contou, entendi que a revista tinha 35 perguntas para fazer a ele; eles as detalharam para meu pai e seu advogado — e meu pai e seu advogado se recusaram a responder a qualquer uma delas. O artigo foi publicado pela *New Yorker* em dezembro de 2004.

Discuto com meus advogados o formulário da DAR — ocorre a mais de um deles que o advogado de meus pais adotivos talvez tenha uma cópia de minha certidão de nascimento original, porque foi uma adoção particular e porque minha mãe nunca assinou os papéis, e alguém precisava fornecer ao tribunal uma cópia da certidão de nascimento original.

O advogado para o qual tenho de ligar é o homem que ligou, em 1992, para meus pais a fim de lhes contar que Ellen o havia contatado, o mesmo advogado que abriu as cartas de

Ellen, que reconheceu o nome do meu pai e ligou para Ellen para dizer: "Se você vai dar a *ela* (eu) essa informação, é melhor você primeiro avisar a *ele*."

Ao ligar para a casa do advogado, sinto dores no peito. A mulher dele atende — ela hesita quando peço para falar com ele.

— Quem deseja?

— A.M. Homes.

— Posso saber do que se trata?

E explico:

— O sr. Frosh ajudou meus pais a finalizar minha adoção em 1961. Foi uma adoção particular e falei com ele há vários anos quando minha mãe biológica entrou em contato com ele para tentar me encontrar... E agora tenho algumas perguntas para fazer a ele.

Há uma pausa.

— A saúde dele não anda muito boa.

— Lamento — digo, pensando sobre o que aquilo significa; de novo, sempre o medo de ser tarde demais.

— Ele está com 87 anos e num dia ele sabe tudo e no dia seguinte não se lembra de nada. Mas vou perguntar a ele em um momento favorável.

— Obrigada — respondo. — O que estou procurando é um arquivo, a cópia de um arquivo.

— Talvez meu filho Brian — diz ela.

— Pode ser — digo. — Se ele puder encontrá-lo, seria maravilhoso. Acho que ele está ciente do assunto. Quando minha mãe biológica ligou, na verdade ela falou com Brian primeiro. — (Brian também é advogado.)

E depois ela me conta uma história de alguém, talvez sua filha, talvez um vizinho, que adotou duas crianças da Romênia. Nesse ponto, estou tendo um surto daquilo que chamo de surdez situacional. Estou preocupada com o fato de que talvez não seja capaz de obter essa informação. Penso em dizer: "Você sabe onde ele guarda seus arquivos? Estão armazenados em algum lugar?" Mas, em vez disso, pergunto:

— Deu tudo certo?

E acho que ela diz que sim e eu digo algo como:

— Que bom. Bom ou ruim, para cima ou para baixo, é tudo interessante, não é?

— Sua vida é boa? — pergunta ela, como se quisesse saber se comigo deu tudo certo.

— Uma vida boa? Sim — digo, ao mesmo tempo mentindo e falando a verdade. Estou tendo uma ótima vida. — Sou de fato uma mulher de sorte. Tenho uma vida ótima. — E é igualmente verdade que estou sofrendo, de outra forma não estaria ligando para ela. — Tudo vai bem — digo-lhe.

— Isso é bom — diz ela. — Tenha uma boa vida.

Entro em contato com o filho do advogado, Brian Frosh, agora um senador estadual de Maryland. Trocamos e-mails; conto-lhe sobre a conversa com sua mãe e lembro-lhe o telefonema que ele interceptou de Ellen há alguns anos. Pergunto a Brian se, quando ele visitar a casa de seus pais, poderia procurar o arquivo. Ele é incrivelmente atencioso e compreensivo. Trocamos histórias sobre como é ter um parente idoso, nossa preocupação com nossas famílias, com a história que é perdida. Brian Frosh faz uma ida especial à casa de seus pais para procurar o arquivo — ele procura em todos os lugares, mas não encontra nada.

Minhas opções estão se esgotando.

A questão de processar ou não, tentar obrigar meu pai por vias legais a produzir o documento do DNA ou uma declaração, permanece aberta. Afiliar-me à DAR não é essencial para minha saúde e meu bem-estar, mas a idéia de que meu pai — ou qualquer pessoa — pode decidir excluir alguém da própria linhagem me aborrece sobremaneira. A verdadeira questão não tem a ver com a DAR, mas com os direitos dos adotivos de acessar e fazer parte de suas próprias linhagens — e por essa razão não estou disposta a desistir da questão por completo.

Penso sobre meu pai me pedir para fazer um teste de DNA e depois, mais tarde, se recusar a me fornecer o resultado, se recusar a assinar uma declaração e se recusar a me reconhecer. Penso em meu pai e não consigo deixar de pensar em Ellen se apaixonando por ele quando era apenas uma adolescente, sendo sua amante por sete anos e, depois, grávida de uma filha dele. Penso em Ellen e penso em como meu pai se comportou, fazendo promessas, dando corda para ela e, por fim, abandonando-a.

Nada mudou. Mais de quarenta anos depois, ele ainda se comporta da mesma forma como sempre se comportou. Ele está fazendo o que é bom para si mesmo, o que atende às suas necessidades e aos seus desejos. Vejo minha mãe como uma adolescente apaixonada por um homem mais velho, uma jovem que foi forçada a se desfazer de sua filha, que viveu o resto de sua vida na sombra daquela perda, uma mulher que nunca se casou, que nunca realmente se recuperou, e por causa dela estou muito zangada com ele.

Não se trata apenas da DAR — isso está claro. Queria que tivesse havido mais: um relacionamento entre pai e filha, uma amizade. Queria poder saber mais sobre a família dele (minha família) — de onde vieram, como viveram suas vidas, quais eram seus valores. Gostaria de ter conhecido seus filhos, descobrir o que temos em comum, sentir o que significa ter laços de sangue. E gostaria de ter saído das sombras, ser vista não como o produto de um caso amoroso, mas sim como uma pessoa, uma adulta, que nem é mais nem menos *deles* do que eles são *uns dos outros.*

Com base em nada, exceto em minha própria fé cega, estou cautelosamente otimista de que haverá alguma abertura natural, alguma flexibilidade por parte de Norman. Resolvo não fazer nada por enquanto, observar e esperar, me permitir avaliar meus sentimentos e ver, com o passar do tempo, até onde a história me levará.

Como um episódio de “L.A. Law”

Depoimento: uma palavra curiosa que significa remover do cargo ou de uma posição de poder e/ou testemunho sob juramento, uma declaração por escrito de uma testemunha para ser usada no tribunal em sua ausência.[3]

Depoimento: penso em processar meu pai para provar que ele é meu pai, e a frase em si — processar meu pai para provar que ele é meu pai — tem um eco tão surreal quanto o momento em que minha mãe me disse que minha mãe estava morta. Abrir um processo contra meu pai — imagino os papéis sendo processados, um oficial de justiça intimando-o a comparecer em certo local a uma certa hora. Imagino um

[3] A palavra "*deposition*" tem esses dois sentidos em inglês, porém, em português, temos duas palavras diferentes para cada um desses sentidos: "depoimento" e "deposição". (N.T.)

homem, um estranho para nós dois, alguém contratado para fazer o trabalho, para fazer perguntas.

Sr. Hecht, antes de começarmos, gostaria de lembrá-lo de que a duração de um depoimento é limitada a sete horas por dia, ao longo de quantos dias forem necessários para o processo do tipo pergunta-e-resposta, a apresentação de perguntas relacionadas com as ações e atividades dos últimos 44 anos, isto é, a idade dela agora, da criança em questão.

"Código de Processo Civil. Artigo 26 — Descoberta." Pediremos ao senhor, o depoente, que forneça uma cópia de sua certidão de nascimento e uma cópia do resultado do teste de DNA que o senhor e a srta. Homes fizeram juntos. Dado que uma testemunha potencial é alguém que possui informações relevantes às questões do processo ou que possui informações que podem levar a informações relevantes, também chamaremos sua esposa e seus filhos. Ao contrário de um julgamento, no qual um juiz precisa levar em consideração as objeções levantadas, em um testemunho, os advogados podem fazer perguntas irrelevantes e questionar sobre testemunho auricular.

Está tudo claro?

O senhor já prestou depoimento antes?

O senhor entende que está sob juramento — que jurou dizer a verdade?

O senhor está preparado para responder às minhas perguntas?

Há alguma coisa a respeito de seu estado físico? O senhor toma algum medicamento que o impeça de responder completa e verdadeiramente às perguntas?

Se o senhor precisar de um intervalo a qualquer momento, me avise.

Qual é seu nome completo?

Naturalidade e data de nascimento?

Quais os nomes dos seus pais, naturalidade e data de nascimento deles?

Sr. Hecht, o senhor pode me dizer por que estamos aqui hoje? Há alguma questão específica?

Em 1993, o senhor pediu à srta. Homes que realizasse um teste de DNA consistindo de uma comparação genética entre amostras de DNA suas e da srta. Homes para verificar se, na verdade, o senhor é pai dela. E o resultado desse exame mostrou que havia 99,9% de probabilidade de ela ser sua filha, e recentemente, quando ela solicitou ao senhor uma cópia desse teste, o senhor se recusou a fornecê-la. Está correto?

O senhor pediu à srta. Homes que realizasse um teste, mas o senhor não acredita que ambos tenham direito de acesso ao resultado. Por que isso?

O senhor também fez o teste?

O senhor pagou pelo teste, sr. Hecht... Na verdade, o senhor teve problemas para efetuar o pagamento do teste, não foi? O senhor marcou o teste para julho de 1993, a srta. Homes viajou de Nova York para Washington e o encontrou no laboratório, mas o senhor não tinha o tipo de pagamento certo, o tipo de cheque certo, e o senhor teve de voltar novamente no dia seguinte?

Na época em que o senhor marcou o teste, a srta. Homes se ofereceu para pagar por ele também ou para dividir o custo com o senhor?

Agora, caso se trate de uma questão de dinheiro, os custos associados a essa reunião aqui hoje são maiores do que o custo do teste. Portanto, talvez não seja uma questão de dinheiro?

Como o senhor se descreveria, sr. Hecht?

O senhor se descreveria como um homem de família?

O senhor é algo mais do que um simples executivo aposentado?

O senhor é próximo à sua família?

O senhor freqüenta a igreja?

O senhor tem um filho que também tem seu nome. O que esse nome significa para o senhor?

Qual é a sua identidade, sr. Hecht?

O senhor sempre soube quem era?

O senhor já foi preso alguma vez?

Já foi processado em juízo por algum crime?

Para efeitos de registro, o senhor poderia nos informar sobre quaisquer e todas as queixas e processos nos quais o senhor esteve envolvido ao longo dos anos?

Onde ficava seu primeiro emprego e que idade o senhor tinha quando começou a trabalhar?

E o último emprego? O senhor foi demitido ou pediu para sair?

O senhor sente alguma responsabilidade pessoal?

O senhor se considera alguém que termina o que começou a fazer?

Alguém já lhe chamou de chefão?

O senhor se acha um homem comum?

Tem as mesmas ambições que seus colegas?

O senhor tem curso superior completo?

Serviu o Exército? Já matou alguém?

Onde o senhor foi criado, sr. Hecht?

Como o senhor descreveria sua infância?
Quem o criou?
O que aconteceu para o senhor ir viver com seus avós? Onde estavam seus pais?
Como seus pais se conheceram?
Qual era a profissão de seu pai?
Como o senhor descreveria sua relação com seu pai?
Vocês eram próximos?
Ele o amava?
O senhor acha que é verdade que os meninos são mais próximos das mães, e as meninas, dos pais?

O senhor se orgulha da história de sua família?
Está envolvido em alguma organização de linhagem?
O senhor é membro de quais clubes?
O senhor já quis se afiliar a um clube e não foi aceito?
Que tipo de nome é "Hecht"?
Seu pai era judeu?
Ele foi criado em um lar judeu?
A família de sua mãe o considerava judeu?
O pai de seu pai era um açougueiro *kosher*?
Por que sua avó paterna portava uma arma?

O senhor se descreveria como caridoso?
O senhor doa dinheiro para instituições de caridade?
O senhor oferece seu tempo e capacidade?
O senhor bebe?
O senhor alguma vez usou drogas leves?
Alguma vez fumou maconha?
Alguma vez tomou pílulas energéticas?
Alguma vez fez uso de cocaína?

Alguma vez experimentou Viagra?

Onde o senhor conheceu sua esposa?
Com que idade se casou?
O senhor teve alguma relação amorosa antes do casamento?
Ela era virgem?
O *senhor* era?
O senhor alguma vez teve alguma doença sexualmente transmissível?

Quando foi a última vez que o senhor fez sexo, sr. Hecht?
Com quem?
O senhor diria que o senhor e sua esposa tinham uma vida sexual boa?
Alguma vez o senhor e sua esposa conversaram sobre casamento aberto?
Portanto, a princípio, ela não sabia que o senhor estava tendo um relacionamento sexual com a srta. Ballman?
A srta. Ballman foi seu primeiro relacionamento extraconjugal ou o senhor teve algum outro antes?

Como sua esposa descobriu seu caso com a srta. Ballman?
O senhor pode me dizer os nomes de seus filhos?
O senhor sabe as datas de nascimento deles?
Além da srta. Homes, o senhor teve algum outro filho fora do casamento?
É possível, sr. Hecht, que haja outros?
Quantos relacionamentos o senhor teve fora do casamento?
Quanto tempo duraram?
Sua esposa estava grávida na mesma época em que a srta. Ballman?

Que idade tinha a srta. Ballman quando o senhor a conheceu?

Como o senhor a descreveria fisicamente, sua aparência?

O senhor sabia que ela era menor de idade?

Quais foram as circunstâncias daquele encontro?

O senhor era proprietário da Princess Shop?

Por quanto tempo a srta. Ballman trabalhou para o senhor?

Quando começou o relacionamento sexual?

Quais foram as circunstâncias daquele primeiro encontro?

Ela era virgem?

O senhor acredita que sua libido seja normal?

A srta. Ballman era ninfomaníaca?

Ela era lésbica?

Alguma vez o senhor disse à srta. Homes que Ellen Ballman era ninfomaníaca e em outra ocasião que ela era lésbica?

Seus amigos homens também tinham amantes?

Quantos deles sabiam da existência da srta. Ballman?

O senhor se preocupou com a possibilidade de a srta. Ballman estar dormindo com outros homens — seus amigos?

Quando seu relacionamento sexual com a srta. Ballman começou, quantos anos ela tinha?

O que levaria uma adolescente na década de 1950 a deixar os cuidados de sua mãe e se envolver com um homem casado?

Ellen Ballman lhe disse que alguém a estava molestando?

O senhor disse à srta. Homes que a srta. Ballman lhe disse algo que sugeria que alguma coisa estava acontecendo na casa da mãe dela e que o senhor provavelmente deveria ter prestado mais atenção.

O senhor se aproveitou da srta. Ballman?

Vocês usavam algum método anticoncepcional?

* * *

A srta. Ballman conheceu sua família, sua mãe?

Seus filhos?

Sua esposa?

Como foram os contatos entre seu filho mais velho e a srta. Ballman?

Quando o senhor percebeu que estava apaixonado pela srta. Ballman?

Então, o senhor estava ou não apaixonado pela srta. Ballman?

Ela acreditava que o senhor estava apaixonado por ela?

Em mais de uma ocasião, o senhor propôs se casar com ela?

Muito embora o senhor já fosse casado, sr. Hecht, o senhor pediu a srta. Ballman em casamento quando ela tinha 17 anos. O senhor ligou para a mãe dela e pediu permissão para se casar com ela?

Como o senhor acreditou poder explicar isso à sua esposa?

O senhor acredita em poligamia, sr. Hecht?

Como e quando sua esposa descobriu que o senhor e a srta. Ballman estavam tendo um caso?

Sua esposa sabia quantos anos a srta. Ballman tinha?

E o que o senhor disse à sua esposa? Novamente, gostaria de lhe lembrar que o senhor está sob juramento e que sua esposa também responderá à mesma pergunta.

Sua esposa pensou em se divorciar do senhor?

O divórcio é contra a religião dela?

O senhor e sua esposa têm a mesma religião?

Sua religião é contrária ao adultério?

O senhor é um homem religioso, sr. Hecht?

O senhor acredita no paraíso, sr. Hecht?

Qual era o apelido dado pelo senhor à srta. Ballman?

"Dona Encrenca" era um deles?

De onde surgiu esse nome? Era algo que vocês compartilhavam?

A srta. Ballman pediu sua prisão alegando que o senhor a havia abandonado?

Durante a gravidez da srta. Ballman, o senhor a mandou para a Flórida e lhe disse que moraria com ela lá mas nunca apareceu?

E sua mulher estava grávida ao mesmo tempo em que a srta. Ballman?

O senhor se sentiu um homem excepcionalmente fértil?

Mais adiante na gravidez, o senhor visitou a srta. Ballman na casa da mãe dela?

O senhor se ofereceu para sair com ela e comprar coisas para o bebê?

O senhor obrigou a srta. Ballman a se encontrar com o senhor e seu advogado e juntos discutirem o fato de que "havia apenas um certo número de fatias do bolo"?

O senhor pediu que a srta. Ballman ou que sua mulher fizesse aborto?

O senhor sabe nadar, sr. Hecht?

Fico imaginando se, em algum momento durante tudo isso, o senhor se sentiu como se estivesse afundando. Se afogando.

Quando foi a última vez em que o senhor viu a srta. Ballman grávida? Em que mês foi isso?

Como o senhor soube do nascimento de sua filha com a srta. Ballman?

Alguma vez o senhor foi solicitado a assinar algum documento legal com relação a essa criança?

Quanto tempo durou seu relacionamento com a srta. Ballman?

A srta. Ballman chegou a se casar?

O senhor tem orgulho de sua filha, sr. Hecht?

O senhor tem orgulho da srta. Homes?

O senhor já leu os trabalhos dela?

O senhor pediu à sua filha que o encontrasse em hotéis?

Por que não em cafeterias?

Qual a natureza de seus pensamentos com relação à sua filha?

Sua esposa sabia quando e onde o senhor se encontrava com sua filha?

Se o senhor estivesse se encontrando com um de seus outros filhos, ela teria sabido?

O senhor é circuncidado?

Essa informação é de conhecimento público?

Sua outra filha sabe?

Por que essa informação foi compartilhada com a srta. Homes?

Como seus outros filhos souberam que tinham uma irmã?

E qual foi a reação deles ao descobrir?

O senhor se considera um bom pai?

Vamos voltar um pouco no tempo...

Em maio de 1993, é verdade que o senhor leu uma crítica sobre o trabalho da srta. Homes no *Washington Post* e ligou para ela na cidade de Nova York?

O que o levou a ligar para ela naquele dia?

Se a srta. Homes não fosse uma figura bem-sucedida e conhecida, o senhor teria ligado para ela?

O senhor e ela combinaram de se encontrar em Washington vários dias depois?

Alguém mais estava presente nesse encontro? O encontro foi gravado ou de outra forma registrado ou monitorado por alguém?

Qual foi a sua reação ao encontrar a srta. Homes?

Quando o senhor a encontrou, o senhor ficou surpreso com o grau de semelhança entre vocês?

Ela se parece mais com o senhor do que seus outros filhos?

Apesar da semelhança física, naquele encontro, o senhor pediu à srta. Homes seu consentimento para se submeter a um teste de paternidade, dizendo que o senhor não tinha dúvida quanto a ela ser sua filha, mas que sua mulher insistia e que o senhor precisaria do resultado para ser capaz de acolhê-la em sua família. Está correto?

O que o fez duvidar de sua paternidade com relação à srta. Homes?

Depois que o sangue foi colhido, enquanto o senhor saía com a srta. Homes do laboratório, o senhor lhe disse que havia algo que gostaria de lhe dar e, no entanto, não lhe deu nada?

O que o senhor pretendia lhe dar?

Era algo que pertenceu à sua mãe? Uma herança de família?

Vários meses mais tarde, o senhor telefonou para a srta. Homes para lhe informar que o resultado do teste havia saído e lhe pediu, mais uma vez, que o encontrasse em um hotel em Maryland?

Naquele encontro, o senhor disse à srta. Homes que era mesmo seu pai — que o teste de DNA tinha mostrado uma probabilidade de 99,9% — e o senhor perguntou: "Quais são as minhas responsabilidades?"

Quais o senhor imagina serem suas responsabilidades?

Quais eram suas intenções com relação à srta. Homes quando o senhor lhe pediu que se submetesse ao teste?

O senhor concretizou sua intenção de "acolhê-la na família"?

Antes de o senhor informar o resultado para a srta. Homes, o senhor divulgou isso para mais alguém?

O senhor contou para sua esposa?

Por que o senhor não se ofereceu para dar uma cópia do resultado à srta. Homes?

O que o senhor fez com o resultado do teste?

Quando o senhor entregou uma cópia a seu advogado?

O senhor guardou uma cópia?

O senhor costuma entregar a única cópia de um documento importante para seu advogado?

O senhor não o colocou em seu cofre porque não queria que sua esposa o encontrasse?

Mas o senhor não disse à srta. Homes que foi sua esposa quem insistiu que a srta. Homes fizesse o teste antes que o senhor "a acolhesse na família"?

A razão para sua esposa querer que a srta. Homes fizesse o teste de DNA foi o fato de o senhor ter retratado a srta. Ballman como uma vagabunda para fazer parecer que o senhor havia sido vítima da srta. Ballman?

O senhor planejou o encontro de seu filho mais velho com a srta. Homes?

Como foi esse encontro?

Seu filho ficou contente em obter mais informações sobre algo que tinha sido apenas uma memória tênue de sua infância — o tempo que ele passou com a srta. Ballman?

Havia muita tensão em sua casa quando seu filho mais velho era pequeno?

Em que ocasião sua esposa encontrou a srta. Homes?

Há alguma razão para sua esposa não gostar da srta. Homes?

Por que o senhor disse à srta. Homes mais tarde que ela e sua esposa não se entrosaram?

* * *

Alguma vez a srta. Homes lhe pediu alguma coisa?

O senhor se preocupa com o fato de a srta. Homes poder reivindicar parte de seu patrimônio?

Alguma vez, de alguma forma, ela indicou que tinha algum interesse em seu patrimônio?

O senhor a fez realizar o teste para comprovar sua paternidade para que o senhor pudesse excluí-la nominalmente de seu espólio?

Quando foi que o senhor falou com a srta. Ballman pela última vez?

E qual foi o teor dessa conversa?

O senhor se encontrou com a srta. Ballman nos meses anteriores à sua morte?

Sua esposa sabia que o senhor se encontrava com ela?

Como era a aparência dela? Ela ainda era atraente?

A srta. Ballman lhe solicitou que pedisse à srta. Homes que lhe doasse um rim?

E o que o senhor disse à srta. Ballman?

O senhor disse à srta. Ballman mais tarde que o senhor tinha de fato pedido à srta. Homes e que ela se recusara a fazer a doação de um rim?

Ocorreu ao senhor que a srta. Homes não tinha conhecimento do estado de saúde da srta. Ballman, tampouco teve oportunidade de se despedir da srta. Ballman?

O senhor consultou seu médico pessoal sobre a possibilidade de doar um rim para a srta. Ballman?

O senhor contou à srta. Homes que o senhor tinha feito isso?

E o que sua esposa teria pensado a respeito disso — o senhor teria feito a cirurgia sem contar a ela?

O senhor sabia que a srta. Ballman ia morrer?

Como o senhor se sentiu quando soube que a srta. Ballman havia falecido?

E sua última conversa telefônica com a srta. Homes — vários meses após a morte da srta. Ballman —, como foi esse telefonema?

Como terminou? O senhor disse: "Me liga. Liga para o telefone do carro. Minha mulher raramente anda de carro"?

Por que a srta. Homes precisaria ligar para seu telefone do carro em vez de ligar para sua residência?

Alguém o estava prejudicando, confinando, impedindo que o senhor fizesse ou recebesse ligações ou correspondências?

O senhor está zangado com a srta. Homes?

Quando o advogado da srta. Homes ligou para o senhor — a mesma pessoa que ligou para o senhor para informá-lo do falecimento da srta. Ballman — e pediu ao senhor uma cópia do resultado do teste de DNA, o senhor lhe disse que nunca mais ligasse para o senhor novamente e o encaminhou a seu advogado.

O sr. Glick ligou para seu advogado, que lhe disse que o documento havia sido extraviado e que o senhor não assinaria uma declaração de paternidade.

O senhor sabia que o sr. Smith havia extraviado o resultado do teste?

O senhor se preocupa com o fato de que outros documentos importantes possam ter sido extraviados ou tratados de forma incorreta?

Não parece um pouco conveniente demais que esse documento tenha desaparecido justamente quando a srta. Homes o solicitou?

O senhor tem filhos e agora netos? Eles se parecem com o senhor, sr. Hecht?

O senhor tem netos adotivos também. Eles também se parecem com o senhor?

Eles não têm o direito de saber quem são, de onde vieram?

Como o senhor entende o motivo de a srta. Homes desejar esse documento?

Se a srta. Homes é sua parente biológica, por que ela não deveria ser tratada da mesma forma que seus outros filhos igualmente biológicos? Por que ela deveria ter direitos diferentes, menos direitos do que os outros?

Isso lhe parece justo? O senhor é um homem imparcial? Um homem justo?

O senhor poderia, por favor, repetir seu nome para que fique registrado?

E, sr. Hecht, o senhor poderia, por favor, dizer os nomes de todos os seus filhos para fins de registro?

A mesa da minha avó

Jon Homes, Jewel Rosenberg e A.M. Homes

Jewel Rosenberg, minha avó, mãe da minha mãe adotiva, elegante, grandiloqüente, profunda. Ela é a razão, de certa forma, da existência deste livro. Não tenho certeza de que eu teria me tornado uma escritora se não fosse por ela, tampouco teria envidado tantos esforços para me tornar mãe. Sem Jewel Spitzer Rosenberg, provavelmente não haveria Juliet Spencer Homes, uma menina que agora já tem quase três anos, sem relação biológica alguma com minha avó, mas que tem uma semelhança física surpreendente com ela.

Quando os eventos mapeados neste livro começaram a acontecer, minha avó estava velha demais para entendê-los, e minha mãe decidiu não lhe contar sobre a volta de meus pais biológicos. Essa decisão aborreceu a todos nós. Minha avó era a regente da família, a abelha rainha; era aquela a quem todos se dirigiam para resolver qualquer coisa, aquela com bons conselhos, a extraordinária.

Ela nasceu em junho de 1900, na virada do século XX, em North Adams, Massachusetts. Aos 15 anos, passou a usar óculos e, ao olhar o céu, notou que nem tudo era preto — pela primeira vez ela percebeu que havia estrelas. Aos 16, ela estava matriculada na North Adams Normal School (Massachusetts State College), estudando para ser professora, quando foi chamada ao escritório do diretor e informada de que nunca conseguiria emprego como professora porque era judia. Ela não contou a ninguém sobre o incidente, a não ser a seu irmão Charlie.

Na casa de minha avó, havia uma mesa feita no ano de meu nascimento pelo artesão nipo-americano George Nakashima, de madeira escolhida por minha avó na oficina dele em New Hope, Pensilvânia. A mesa tem pouco mais de dois metros de comprimento e é opulenta — nogueira francesa. É sutil, não se anuncia como algo especial até que você gaste tempo examinando-a, até que você goste dela. Então, seu significado fica claro.

Essa era a sede da família. Era o lugar onde nos reuníamos, onde minha avó, nossa matriarca, reinava, onde seus irmãos e irmãs e seus filhos e netos vinham para celebrar, discutir e chorar.

Houve grandes debates políticos e filosóficos entre várias gerações nessa mesa, sobretudo quando os irmãos de minha avó, Charlie e Harold, visitavam-na — os radicais da família. Eles pagaram os próprios estudos universitários, mudaram seus nomes de Spitzer para Spencer supostamente para proteger a família de sua reputação de radicais, mas também, de maneira conveniente, para esconder o fato de serem judeus. Ambos estudaram direito, mas nunca exerceram a profissão. Charlie foi trabalhar em uma siderúrgica de Chicago e se tornou um ativista sindical, e Harold se casou com a dançarina Elfrede Mahler e se mudou para Cuba, onde ele lecionou inglês e ela se tornou a líder do movimento de dança moderna de Cuba. Quando vinham à cidade, gastávamos horas à mesa, debatendo tudo, desde a situação política atual às letras das músicas que inventavam quando crianças.

Essa mesa foi onde minha avó nos alimentou. Ela aprendeu sozinha, há muito tempo, a culinária francesa tradicional com a qual meu avô havia sido criado, e há muito tempo progredira de uma menina de fazenda de Massachusetts para uma intelectual extremamente sofisticada.

Como escritora, penso em narrativas — histórias de famílias. Enquanto crescia, nunca tive certeza se podia ou devia absorver a história da família. Nas reuniões de família, tios-avós e tias-avós, vindos dos quatro cantos do mundo, puxavam suas cadeiras para perto e contavam histórias sobre a vida na fazenda dos meus bisavós, em North Adams, Massachusetts. Fiquei apaixonada por essas histórias, me senti ligada a elas, mas também me senti desconfortável, pois essa narrativa acordada não era a minha narrativa. "Não é a minha história, não é a minha família", sussurrava eu para minha mãe. "Somos sua família, acredite", dizia minha mãe. Eu queria acreditar, mas algo parecia errado, inorgânico.

Enquanto crescia, tive dois primos adotivos que eram negros. Eles moravam no norte do estado de Nova York e não nos víamos com muita freqüência. Uma vez, quando estávamos todos na casa de um parente para jantar, os adultos no andar de baixo, nós três brincando no quarto no andar de cima, eu disse: "Sou adotada também", tentando estabelecer um vínculo. Os primos olharam para mim sem entender e disseram: "Você não é não." E eu disse:

"Sou sim." Fiquei ofendida porque eles não acreditaram em mim. Não me ocorreu que eles achassem que, por causa da minha cor branca como a dos meus pais, eu não podia ser adotada. "Mãe, eu não fui adotada?", gritei para minha mãe lá embaixo. "O que vocês estão fazendo aí em cima, crianças?", foi a resposta.

Quando ela tinha noventa e tantos anos, eu costumava visitá-la em sua casa nos arredores de Washington a cada duas semanas. Sentávamos à mesa, tomávamos chá e conversávamos. Enquanto conversávamos, ela esfregava a mesa, sua mão inconscientemente se movendo em círculos como se estivesse polindo a madeira, repetidas vezes esfregando-a como um talismã, para consolo, para dar e obter sabedoria.

Nós duas sentávamos em nossos lugares costumeiros na mesa, minha avó na cabeceira e eu logo à sua esquerda.

Na sua idade, ela talvez fosse agora ainda mais velha do que a árvore com a qual a mesa foi construída; em minha mente, elas estão inexoravelmente ligadas.

— Fomos até a velha fazenda — disse eu bem alto.

— Foi? E você conseguiu encontrá-la?

— Consegui.

No fim de semana anterior, meu primo (também escritor) e eu dirigimos para cima e para baixo das montanhas de North Adams, em uma peregrinação improvisada para encontrar a fazenda em que minha avó cresceu. A estrada de terra tinha há muito tempo se dissolvido; o único jeito era ir a pé. Subimos rapidamente, ascendendo às origens mitológicas da fazenda.

Os edifícios originais permaneciam, desmoronados, desabados, mas ainda identificáveis. Imaginei minha avó na infância, uma entre nove filhos nascidos de imigrantes lituanos na virada do século nessa fazenda leiteira de Massachusetts. Imaginei-a descendo a estrada de terra até uma casa-escola com apenas uma sala, colhendo amoras, ajudando minha bisavó a ordenhar vacas e cuidar de galinhas. Lembrei-me dela me contando que a Trilha Mohawk ficava logo atrás da porta dos fundos, e, na minha imaginação, ela estava lá fora brincando de uma versão da vida real de caubóis e índios, na qual fazendeiros substituíam os caubóis, com vacas e arados no lugar de cavalos e armas de fogo.

Meu primo começou um simulacro de escavação arqueológica, usando uma faca para cutucar a terra perto de uma das edificações. Após alguns minutos, puxou uma garrafa velha.

— Isso deve ter algum significado — disse ele.

Confirmei com a cabeça. Cada um de nós pegou algumas telhas de ardósia de um telhado em decomposição e voltamos para o carro.

— Conte-me sobre a fazenda. Como estava? — perguntou ela, quase como se esperasse que ainda houvesse alguém levando as vacas para o pasto de manhã e de volta novamente à noite.

— Interessante — respondi e falei sobre a paisagem. Ela fechou os olhos. Contei sobre os montes baixos, as árvores altas, o monte Greylock à distância.

— Como nas minhas lembranças — disse ela.

Ela olhou para sua mesa. Imaginei essa mesa ecoando algo, alguma outra mesa de fazenda longa e grande na cozinha rural de minha bisavó. Vejo os nove irmãos de minha avó quando crianças, abarrotando a cozinha da mãe deles. Vejo meus tios-avós quando adolescentes, vendendo baldes de água para carros superaquecidos na Trilha Mohawk durante o verão. Sinto sua dor quando a irmã de 14 anos, Helen, morre de difteria em 1912. Vejo o irmão Maurice permanecendo em North Adams, tornando-se o médico da cidade, fazendo mais de 1.200 partos.

Minha avó passou os dedos ao longo do veio da madeira.

De novo, sua mão circula a madeira.

— Conte-me sobre você — pediu minha avó.

— Estou bem, trabalhando muito, pensando em comprar uma casinha em Long Island, uma cabana onde eu possa ir para escrever.

Ela concordou com a cabeça.

— É importante ter uma casa própria — disse minha avó.

— Conte-me sobre você — pedi para ela.

— Não tenho nada para contar — respondeu ela. — Estou entediada.

Ela trabalhou a vida inteira em tempo integral até os 86 anos. Em 1918, dois anos antes de as mulheres conquistarem o direito de voto, veio sozinha para Washington, conseguiu um emprego no Ministério da Guerra e logo trouxe os irmãos e irmãs da fazenda. Em 1922, conheceu meu avô, um fabricante de chapéus franco-romano, que veio trabalhar na loja de chapéus do tio, perto de Pittsfield, Massachusetts, durante um verão. Em meados da década de 1920, meu avô mandou buscar seus irmãos mais jovens, Julian e Maurice, esperando que se fixassem nos Estados Unidos. Os meninos vieram por um verão, mas não gostaram — eles não conseguiam arrumar namoradas porque não falavam inglês. Voltaram para Paris e, na década de 1940, foram deportados de lá para os campos de concentração — Julian para Drancy e depois para Auschwitz, e Maurice, para Auschwitz. Nenhum dos dois sobreviveu.

Mais tarde, em Washington, meus avós fundaram uma companhia bem-sucedida de importação de vinhos e, aos

78 anos, Jewel Rosenberg se tornou a diretora-fundadora do primeiro banco nos Estados Unidos organizado por mulheres e para mulheres.

Tudo que sei sobre como viver minha vida, aprendi com ela. Quando me formei na universidade e quis me tornar escritora, ela me emprestou dinheiro para comprar uma máquina de escrever IBM Selectric. Eu paguei religiosamente cinqüenta dólares por mês e, quando a dívida foi paga por inteiro, ela me deu um cheque com a quantia toda. "Queria que você soubesse o que significa trabalhar para conseguir alguma coisa."

De volta à mesa, ela suspirou.

— Não sei o que fazer. Não me sinto mais útil.

— Está na hora de você descansar e deixar os outros trabalharem por você.

— Não sou uma descansadora, sou uma trabalhadora.

— Vamos dar uma volta — disse eu, levantando-me da mesa. Dirigimos até uma fazenda local, o lugar onde minha mãe me levava para colher maçãs e abóboras na minha infância. Dirigi por uma estrada esburacada em direção ao amoreiral.

— Onde estamos? Isso é lindo, me lembra North Adams.

Estacionei ao lado de uma fila de amoreiras e abri a porta.

Ela seguiu até as árvores e começou a pegar as amoras e enfiá-las na boca, os dedos de 98 anos de repente se tornaram ágeis. Jogando o cabelo para trás, olhou para o céu e andou pela fileira, colhendo com rapidez. Era de novo uma menina, enchendo a cesta com amoras maduras e mornas.

— Era exatamente assim que costumava ser.

Voltamos para casa com a cesta de amoras em seu colo. Ela apertou minha perna.

— Compre sua casinha — disse ela, e eu comprei.

Liguei para ela da casinha em Long Island. Em pé no pequeno jardim, lhe contei o que estava plantando: rosas, tulipas, cenouras, beterrabas e abóboras. Havia revolvido uma pequena extensão de terra na parte mais distante do jardim e começado a chamá-la de "o campo". Contei-lhe sobre revolver a terra do campo, cultivar minha plantação, sobre a satisfação enorme desse trabalho, em estar longe da cidade com minhas mãos mergulhadas na terra.

Ela fez 99 anos. "Quando você volta para casa?", perguntava ela várias vezes em cada conversa. "Logo", respondia eu. "Logo volto para casa."

E então ela se foi, a única pessoa que conheci que morreu inesperadamente aos 99 anos. Voltei correndo para Washington. Fui até a casa dela. Andei de cômodo em cômodo. Senteime à mesa, esperando. Tinha a sensação de que ela também sentia que havia partido cedo demais. Ela parecia ainda estar lá, pairando, flutuando, embalando.

Fiquei ali por um tempo, apenas sentada, consolandome com os ecos e objetos que eram como símbolos, vasos da história.

No fim do verão, arranquei minhas cenouras da terra, tão orgulhosa delas quanto de qualquer conto ou romance que escrevi. Ela era a pessoa com a qual eu mais queria compartilhá-las; era ela que entenderia quando eu mostrasse as folhas verdes e, com orgulho, dissesse: "Olha o que eu fiz."

Vejo agora que sou o produto de cada uma de minhas narrativas familiares — umas mais do que outras. Mas, ao fim, tudo se resume em quatro fios que se torcem e roçam uns nos outros, a fusão e fricção se combinando para me fazer quem e o que sou. E não sou apenas um produto dessas quatro narrativas, sou também influenciada por outra narrativa — a história do que é ser uma adotada, a escolhida, a excluída trazida para dentro. Na estante da sala de estar da casa de meus pais havia uma obra de dois volumes chamada *A família adotiva.* Um dos volumes era destinado à criança adotada, e o outro, aos pais. Com freqüência, eu me sentava com aquele livro sem entender muito bem do que ele tratava, mas certa de que era de grande importância, que de alguma forma muito literal dizia respeito a mim. Sentia-me como uma boneca cuja embalagem também inclui um livro.

Quando criança, devorava biografias, sobretudo um conjunto de biografias para crianças chamado *A infância de americanos famosos.* Li cada uma delas muitas vezes; duas em particular permanecem vivas em minha mente: Eleanor Roosevelt e Babe Ruth. E, em algum ponto, elas se fundiram em uma personagem que criei, Eleanor Babe, um tipo de super-heroína primordial — que não apenas fundou organizações como a Unicef, mas também arremessava a bola com um efeito descomunal. Ao analisar hoje esses dois livros, fica claro por que eles se entranharam em meus pensamentos; tanto Eleanor Roosevelt quanto Babe Ruth foram separados de suas famílias — Eleanor para viver em Londres com tias que não a entendiam, e Babe para um orfanato em Baltimore após a morte da mãe. Foi a experiência deles de excluídos, a solidão deles, com que me identifiquei. Eram heróis invisíveis da adoção; não apenas tinham sobrevivido, como também foram bem-sucedidos.

Foi a morte de minha avó que me estimulou a tentar ter um filho. A maternidade era algo que me apavorava. Tenho um medo enorme dos vínculos e um medo igualmente constante da perda. Não tenho certeza se aconteceu o mesmo com outras pessoas, mas para mim o fantasma do irmão morto sempre me perseguiu e ainda me persegue. Quando jovem, sempre pensei em adotar uma criança, mas depois da morte de Ellen e, em seguida, a de minha avó, senti que queria uma criança biológica e, portanto, foi algo que decidi colocar em prática. Nunca tinha me ocorrido que seria difícil engravidar. Comecei aos 39 anos, e no fim levou dois anos, milhares de dólares, o melhor da medicina e dois abortos espontâneos antes de minha filha nascer.

— Qual é o problema? — perguntou minha mãe. — A adoção não é boa o suficiente para você?

— Claro que é boa — disse, mas não era isso. Senti-me obrigada a me esforçar com afinco, emitir um eco biológico, me ver diante de mim mesma, apresentada grande e pequena e tão relacionada quanto é possível ser.

* * *

Meses depois do falecimento de minha avó, minha mãe ligou e perguntou se eu gostaria de ficar com a mesa de minha avó.

— Sei que ela é grande e que sua casa é pequena, mas acho que seria bom se você ficasse com ela.

A mesa entrou pela porta lateral, carregada por quatro homens, cuidadosamente embalada.

— Essas mesas são muito pesadas — disse um dos homens, e ele estava certo, mas o peso não era tanto literal quanto emocional. Herdei muito mais do que um objeto; era uma intimação para viver e trabalhar tão duro e com tanta elegância e estilo quanto ela.

A princípio, a mesa parecia fora de lugar, perdida. Passei óleo nela. Esfreguei-a com um pano macio, movimentando as mãos sobre a superfície e observando a riqueza da cor — as marcas de uso deixadas nela que Nakashima chamava de "kevinização", por causa de seu filho Kevin. Pensei sobre a vida espiritual da madeira, o que ela proporcionava além de uma superfície.

Na primeira vez que usei a mesa, convidei uma amiga para almoçar. Sentei em meu lugar habitual. Em vez de olhar para uma pintura na parede da sala de estar de minha avó, agora eu estava olhando através da janela para um alimentador de pássaros. Coloquei dois lugares na mesa, o dela e o meu. Minha amiga se sentou no lugar de minha avó e senti algo estranho.

— Preciso trocar de lugar com você — disse eu.

A amiga olhou para mim com perplexidade. Ela não entendeu.

— Podemos trocar de lugar? — perguntei e então passei para o lugar dela.

Quando a mesa fica seca — com sede — a superfície parece pálida, ressecada. Esfrego óleo nela; ela bebe e depois adquire um brilho intenso. E, embora seja apenas uma mesa, um objeto feito de madeira, ela é uma lembrança perfeita e constante de como viver, como ficar ligada. Foi nessa casinha — que eu não teria comprado sem a anuência de minha avó e de um presente dela que ajudou a pagar a entrada — que eu recebi o telefonema da minha mãe dizendo que minha mãe havia morrido. Foi nessa casa que tive o primeiro aborto espontâneo e que, um ano mais tarde, celebrei o primeiro Natal e o primeiro Hanuca da minha filha. Foi nessa casa, nessa mesa, que sentei sozinha e esvaziei as quatro caixas da casa de minha mãe em Nova Jersey. Era essa mesa que conseguia sustentar aquelas caixas.

A mesa é a peça central de nossa vida familiar. É onde, nos fins de semana, minha jovem família se reúne — minha filha desenha aqui; juntas, nós fazemos e enfeitamos biscoitos. Cada vez que sento aqui me lembro da cozinha de minha avó, estupefata e admirando seu conjunto de temperos, suas jarras de confeitos de biscoitos e corações de canela. Agora, sentada no lugar que foi de minha avó, olho para minha filha sentada em meu lugar, à esquerda. Olho para essa menina, que, mais do que qualquer pessoa, me faz lembrar de minha avó. Ela tem as mesmas expressões faciais, os mesmos gestos, a mesma compaixão e bom senso simultâneos. Vejo a forma como ela se movimenta pela vida, a confiança com que ela se conduz. Como minha avó, ela tem um enorme prazer em se certificar de que os outros estão sendo bem cuidados. E, à medida que penso nisso, ela se levanta de seu lugar, vem em minha direção e, com delicadeza, me empurra para fora do meu assento.

— Preciso de sua cadeira — diz ela, subindo nela, preenchendo o lugar vazio.

Sou filha da minha mãe e sou filha da minha mãe, sou filha do meu pai e sou filha do meu pai, e se essa frase lembra demais Gertrude Stein, então devo ser um pouco sua filha também. Mais importante, agora sou mãe de Juliet, e isso traz uma singularidade de amor e temor que nunca senti antes. E por isso — e ela é verdadeiramente uma mistura de quatro linhagens familiares — agradeço a todos os meus pais e mães, pois ela é o meu maior presente.

Escolhi ser encontrada? Não. Me arrependo? Não. Não poderia deixar de saber.

Agradecimentos

Agradeço imensamente a Phyllis R. Homes, Joseph M. Homes, Jon S. Homes, Edith Dugoff, Dan Gerstein, Belle Levin, Rita Ogren, Buddy Rosenberg, Marc H. Glick, Alison Smith, Amy Hempel, Patricia McCormick, Marie Sanford, Paul Slovak, Ellis Levine, Sarah Chalfant, Jin Auh e à equipe da Agência Wylie, Amy Gross, David Remnick, Deborah Treisman, Peter Canby e à equipe da *New Yorker*, Sara Holloway, Ian Jack e à equipe da *Granta*, David Kuhn, Lanny Davis, Harvey Schweitzer, Brian Frosh, Elizabeth Samuels, Linda Reno, John Gray, Maria Dering, Alice Evans, Erin Markey, Michael Oster, Trent Duffy, Elizabeth MacDonald, Bliss Broyard, Mary Fitzpatrick, Betsy Sussler, Hilma Wolitzer, The Writers Room, Elaina Richardson, Candace Wait e à Corporation of Yaddo.

Ida

PRODUÇÃO EDITORIAL
Daniele Cajueiro
Gustavo Penha

REVISÃO DE TRADUÇÃO
Mariana Gouvêa

REVISÃO
Stephania Matousek
Eduardo Carneiro

DIAGRAMAÇÃO
Abreu's System

Este livro foi impresso em São Paulo, em agosto de 2007,
pela Lis Gráfica e Editora, para a Editora Nova Fronteira.
A fonte usada no miolo é Minion, corpo 11,5/15,5.
O papel do miolo é pólen soft 70g/m², e o da capa é cartão 250g/m².

Visite nosso site: www.novafronteira.com.br